KB144570

사장의 철학

일러두기

• 책명은 겹화살괄호(《 》)로, 시와 단편 작품, 영화 등은 홑화살괄호(〈 〉)로 표기했습니다.

• 외래어는 영어를 기준으로 한 외래어표기법을 따랐으나, 상호와 제품명 등 일부는 예외로 했습니다.

철학으로 돈 버는 기업, 사업으로 철학하는 사장

사장의 철학

Management
Philosophy

안상헌 지음

행성B

사장을 위한 쓸모 있고
친절한 철학 수업

'어떻게 하면 돈을 잘 벌 수 있을까?' '어떻게 하면 성공하는 회사를 만들 수 있을까?' 누구나 이런 생각을 합니다. 몇 달, 몇 년을 고민해서 일을 시작합니다. 하지만 원하는 결과에 도달하는 경우는 그리 많지 않습니다. 이렇게 많은 고민을 하고 신중하게 생각해도 실패하는 이유가 뭘까요? 운이 나빠서 혹은 노력이 부족해서일까요? 운이 좋으면 한 번은 성공할 수 있습니다. 노력은 성공을 위한 기본이지만, 그 자체가 성공을 보증하진 않습니다.

운과 노력 외에 더 중요한 것이 있습니다. 사유하는 능력, 바로 '생각력'입니다. 누구나 사업에 성공할 방법을 고민하지만, 모두 훌륭하고 창의적인 생각을 하는 것은 아닙니다. 생각을 잘하려면 생각하는 힘이 필요하기 때문이죠. 성공한 사업가는 생각하는 힘이 얼마나 중요한지 잘 알기 때문에 그 힘을 기르는 데 많은 에너지를 쏟았습니다.

스티브 잡스는 소크라테스와 점심을 할 수 있다면 애플의 기술을 모두 포기해도 좋다고 했습니다. 이유가 뭘까요? 소크라테스에게 생각하는 방법을 배우면 더 크게 성공할 수 있음을 알았기 때문입니다. 철학은 세계와 사람을 탐구해 눈에 보이는 이상의 진실을 발견합니다. 그것을 활용할 때 사업도 성공할 수 있죠.

페이스북과 인스타그램은 소통하려는 인간의 본능을 알았고, 그것을 사업에 활용했습니다. 구글과 아마존은 접속하려는 인간의 본성을 이해했고, 거대한 아고라를 만들어 세계를 움직이는 제국이 됐습니다. 일론 머스크는 '지속 가능한 미래'라는 공동의 가치를 내세워 놀라운 지지를 끌어냈으며, 블루보틀은 회의주의 철학을 바탕으로 단순화 전략을 통해 자기 정체성을 확립했습니다.

사업은 물건을 잘 만들고 많이 팔면 되는 단순한 일이 아닙니다. 사람을 알고, 시대를 읽고, 가치를 창조하는 종합예술입니다. 뛰어난 기업은 인문학과 철학을 널리 활용합니다. 성공하는 사업가는 자기 철학이 있고, 그것을 바탕으로 사업을 펼칩니다. 철학 하는 방법을 배우고 익히면 실패를 줄이는 것은 물론, 세상을 아름답게 만드는 데 일조할 수 있습니다.

이 책의 목적은 성공한 기업과 사업가의 철학이 사업과 어떤 연관이 있는지 알리고 활용하기 위한 것입니다. 운이나 인맥, 노력으로 사업하던 시대는 지나갔습니다. 창의성이 사업의 중심이 됐습니다. 동네 식당이든, 김밥집이든 생각하는 능력이 없다면 성공하기 어려운 시대입니다. 성공한 사업가와 기업에 어떤 철학이 있고, 그것을 어떻게 적용하고 활용했는지 알아야 합니다.

노자는 "남을 아는 사람은 지혜롭고, 자기를 아는 사람은 밝다(知人者智 自知者明)"고 말했습니다. 다른 사람이 성공한 방법과 그의 생각을 알면 아이디어를 얻고, 이를 통해 자기 일을 잘할 지혜를 발휘할 수 있습니다. 다른 사람의 생각을 들여다보고, 다른 기업이 성공한 방식을 알아보는 것은 나를 지혜롭게 하는 근본입니다.

철학을 통해 생각력을 키우는 것이야말로 급변하는 세상에서 일과 삶을 성공으로 이끄는 첩경입니다. 그동안 우리는 어렵다는 이유로, 실생활에 도움이 안 된다는 이유로 철학을 외면했습니다. 이제 시대가 철학을 강력하게 요구하고 있습니다. '사업하느라 바쁜데 철학까지 배우라고?' 이런 분들을 위해 철학을 쉽게 이해하고 사업에 활용할 수 있는 사례와 방법을 제시했습니다. '사장을 위한 쓸모 있고 친절한 철학 수업'이라고 할까요. 애플과 구글 같은 공룡 기업부터 호떡 장사까지 다양한 사업의 철학과 일하는 방법을 담았습니다. 편안하게 읽는 동안 철학과 사업이 연결되는 과정, 철학을 사업에 활용할 아이디어를 떠올릴 수 있도록 구성했습니다.

오래전 분당신도시의 한 기업에서 신입 사원을 대상으로 강의 했습니다. 활발하게 참여하는 직원들이 많아 즐겁게 강의를 마쳤습니다. 마침 점심시간이라 구내식당에서 식사했는데 깜짝 놀랐습니다. 식단이 고급 호텔 식당을 방불케 할 정도로 화려하고 풍성했기 때문이죠. 제가 "와~" 하고 탄성을 지르자, 곁에 있던 직원이 말했습니다. "놀라셨죠? 저희도 점심시간이 기대돼요. 여기가 우리나라에서 제일 맛있는 구내식당이거든요."

맛있게 식사를 마치고 이야기를 들어보니, 다른 복지도 국내 최고 수준이었습니다. 대다수 기업은 사업이 잘되면 규모를 키우기에 여념이 없는데, 이곳은 직원 복지와 육성에 많은 에너지와 비용을 들였습니다. '사람 중심으로 경영하는구나!' 싶었습니다.

시간이 지나고 이 기업이 건설 엔지니어링 소프트웨어 분야에서 세계 최고 수준의 성과를 냈다는 기사를 봤습니다. 복지와 교육에 충실한 기업은 시간이 갈수록 승승장구한다는 점을 확인했죠. 이 기업에 대해 조사·연구하면서 기업의 성장에 결정적인 역할을 한 요인을 발견했습니다. 바로 경영 철학입니다. 마이다스 아이티는 '자연주의 인본경영'이라는 철학으로 무장한 기업입니다. 사람의 본성을 파악하는 자연과학과 인문학적 성과를 기초로 개인의 특성에 따라 일하도록 사람을 키우는 데 많은 에너지를 쏟았습니다. 사람 중심 경영을 실천한 것입니다.

일은 누가 할까요? 사람이 합니다. 서비스는 누가 제공하나요? 사람이 합니다. 사업의 성공은 무엇에 달렸을까요? 사람에 달렸습니다. 우리는 모두 알고 있습니다. 그런데 왜 지키지 않을 까요? 사람 중심 철학이 없거나, 있다 해도 현장에서 구현되지 않기 때문입니다. 사업의 성패는 예전이나 지금이나 사람에게 달렸고, 사람 중심 철학을 실천할 수 있느냐에 의존합니다.

점심 식단만 봐도 알 수 있습니다. 식단을 풍성하게 짜려면 돈 이 듭니다. 경영자는 비용을 계산할 수밖에 없습니다. 이때 사람 중심 철학을 현장에 실천하느냐가 결정됩니다. 대다수 경영자는 '적당한 선'으로 물러나 타협합니다. 말만 사람 중심이지 실제는 돈 중심, 일 중심이 되고 맙니다.

마이다스아이티가 창립 기념 축제에서 파견 회사 소속 청소 부 아주머니를 정직원으로 채용했습니다. 청소에서 보람과 행복 을 느끼려면 그곳 소속이 돼야 한다고 믿는 회사의 철학 때문입 니다. 아주머니가 감동의 눈물을 흘렸고, 지켜보던 직원들도 눈 시울을 붉혔습니다. 그날 축제의 메인 강사로 구내식당 요리사 가 등장했습니다. 매일 수십 가지 요리를 하면서 직원들이 맛있 게 먹는 모습을 상상하는 기쁨으로 일한다는 말에, 직원들도 뭉 클했다고 합니다. 마이다스아이티는 이제 '한국의 구글'로 불립 니다.

마이다스아이티는 과학이라는 기술력과 인문학이라는 사람 중심 가치관을 통합한 경영 철학을 실천하고 있습니다. 실력이 뛰어난 사람을 선발하고, 그가 자신의 역량을 최고로 발휘할 수 있도록 환경을 조성하고 육성하려고 노력하죠. 성공하는 기업은 고유의 철학이 있습니다. 사업을 한다면 사람과 철학이라는 두 단어를 잊지 말아야 합니다.

테세우스는 괴물 미노타우로스를 죽이기 위해 미궁으로 들어갑니다. 손에는 칼을 들고, 가슴에는 용기를 품고. 당당히 미노타우로스와 맞선 테세우스는 영웅답게 괴물을 죽입니다. 문제는 그다음이었습니다. '도대체 어떻게 미궁을 빠져나간단 말인가?'

테세우스에게는 아리아드네가 있었습니다. 아리아드네는 미궁으로 들어가는 그에게 실타래를 주고 풀면서 들어가라고 일렀습니다. 테세우스가 괴물을 죽이고 무사히 돌아온 건 실타래 덕분이었습니다. 용기 있게 사업을 시작할 수 있지만, 성공적으로 이끌고 완성하려면 실타래와 같은 지혜가 필요합니다. 그 지혜가 철학입니다. 자기 삶을 시도하는 모든 분께 이 책이 지혜의 도구, 길을 잃지 않는 실타래가 되기를 희망합니다.

차례

1부

세계적 브랜드는 철학을 어떻게 활용하는가

2부 성공하는 사업가는 어떤 철학에 집중하는가

3부
통찰력은 어떻게 얻는가

4부 사장은 어떻게 철학으로 강해지는가

1부

세계적 브랜드는 철학을 어떻게 활용하는가

Management
Philosophy

블루보틀은 왜
와이파이를 제공하지 않을까?

부시맨과 콜라병

오래된 영화 이야기를 해볼까 합니다. 제목은 〈부시맨(The Gods Must Be Crazy)〉입니다. 어느 날 하늘을 날던 비행기에서 콜라병 하나가 부시맨이 사는 아프리카 사막에 떨어집니다. 콜라병을 주운 부시맨 자이는 하늘이 내려준 신성한 것이라 생각하고 마을로 가져오죠. 콜라병은 여러모로 쓸모가 있었습니다. 그러자 부족인 사이에 콜라병 쟁탈전이 벌어집니다. 자이는 콜라병이 재앙을 가져온다고 생각하고 땅끝으로 가서 신에게 돌려주기로 마음먹고 길을 떠납니다.

부시맨이 사는 마을은 돈이나 사유재산을 모르는 원시공동체였습니다. 필요한 것이 있으면 함께 구하고 나누며 살았습니다.

삶은 더할 수 없이 좋았습니다. 이런 마을에 콜라병이 들어오면서 문제가 생기죠. 영화를 보면서 이런 생각이 들었습니다. '내 삶도 부시맨 마을의 콜라병이 가득한 것은 아닐까?'

뜨거운 사회와 차가운 사회

레비스트로스는 프랑스의 문화인류학자입니다. 구조주의를 제창한 그는 오랫동안 원시공동체를 연구해 '뜨거운 사회'와 '차가운 사회'라는 개념을 만들었습니다. 뜨거운 사회는 새로운 의미를 창조하는 일에 많은 에너지를 씁니다. 열심히 노력해서 성취하고, 그런 성취에 의미를 두는 사회죠. 문명을 성장시키는 서구 사회가 그런 모습입니다. 차가운 사회는 큰 의미나 변화를 추구하지 않습니다. 주어진 일상을 통해 최소한의 에너지를 소비하며 삶을 영위합니다. 마찰이나 갈등이 거의 없고, 틀에 박힌 일상을 반복합니다. 차가운 사회의 특징은 성장이 아니라 머무름이죠.

차가운 사회는 시간이나 역사에 대한 관념이 없습니다. 과거와 현재, 미래가 구분되지 않습니다. 차가운 사회의 시간은 원처럼 빙빙 도는 것입니다. 오늘은 어제와 같고, 내일은 오늘과 같습니다.

우리는 상향식 시간관념에 익숙합니다. 어제보다 오늘이, 오늘보다 내일이 나아야 한다고 생각합니다. 아이들에게 공부를 강조하는 이유도, 사원들을 독려하는 이유도 이런 시간관념 때문입니다. 차가운 사회는 그럴 이유가 없습니다. 내일은 오늘과 같을 것이기 때문이죠. 그들에게는 내일이라는 관념 자체가 무의미합니다.

우리는 원시사회를 미개 혹은 야만으로 규정합니다. 글자도 모르고, 역사의식도 없고, 컴퓨터도 모른다고 폄하하죠. 레비스트로스에 따르면 원시사회와 문명사회는 다른 사회가 아닙니다. 근본적인 사고방식도 다르지 않습니다. 창 대신 노트북이 있다는 정도가 다르죠. 문명은 우연의 결과일 뿐, 질적으로 뛰어나거나 훌륭한 것이 아닙니다.

현대인은 목표를 세우고 노력하는 일에 익숙합니다. 성취가 행복이라고 믿죠. 집, 자동차, 스마트폰, 노트북 등 행복을 위해 필요한 것이 많습니다. 필요한 걸 얻기 위해 노력하는 삶이 문명인의 삶입니다. 차가운 사회, 부시맨은 그런 것 없이도 행복합니다. 삶의 목표가 비슷하지만 사는 방식은 다릅니다. 우리는 왜 쉽게 얻을 수 있는 행복을 복잡하게 돌아서 구하려 할까요? 철학은 당연한 것에 의문을 품습니다. 광고가 '이것을 가지면 행복합니다'라고 할 때 철학은 '왜 그것이 중요한가?' 묻습니다.

칸트나 헤겔은 역사를 인간의 자유가 증진되는 것으로 보고,

과학을 문명의 진보로 이해했습니다. 인간다운 삶이 펼쳐지는 유토피아를 기대했죠. 레비스트로스는 그것은 진보가 아니라고 말합니다. 힘들게 멀리 돌아가봤자, 우리가 도달할 곳은 집 앞입니다. 파랑새는 우리 마음에 있으니까요.

레비스트로스의 생각을 읽다 보면 부시맨의 삶이 주는 지혜를 발견합니다. 문명사회나 원시사회나 인간이 궁극적으로 원하는 것은 같습니다. 자유롭고 인간다운 삶이죠. 부시맨은 그 목표에 곧장 다가갑니다. 우리는 빙빙 돌아가죠.

정보 다이어트

"대답이 단순할 때는 신이 대답하는 것이다."

아인슈타인의 말처럼 진리는 단순할 수 있습니다. 빙 돌려서 말하는 사람은 제대로 모르는 경우가 많죠. 누구나 알 수 있도록 단순하고 쉽게 말하는 사람이 진짜 아는 사람입니다.

레비스트로스는 '과잉 커뮤니케이션'이 우리를 위협한다고 지적합니다. 우리는 세계에서 일어나는 수많은 일을 알려고 합니다. 알아야 할 것이 끝이 없습니다. 정보 과잉이죠. 어른이 돼도 공부는 계속합니다. 지식 과잉입니다. 다른 사람의 눈을 지나치게 의식하고, 조금만 이상한 말을 들으면 분을 삼키느라 밤잠을 설칩니다. 감정 과잉이죠. 과잉은 에너지를 소모하고, 사물의 본질에 접근하는 인식을 방해합니다.

제가 좋아하는 말 중 하나가 'touch the core'입니다. 핵심을 찌른다는 뜻이죠. 복잡하게 꼬인 상황을 풀려면 핵심을 찔러야 합니다. 어떻게 해야 핵심에 다가갈 수 있을까요? 사람들은 많이 알수록 핵심을 찾을 수 있다고 생각합니다. 사실은 정반대죠. 핵심은 덜어낼 때 다가갈 수 있습니다. 핵심이 잡다한 것으로 가려졌기 때문입니다. 정보와 지식, 생각의 다이어트가 필요합니다.

과잉 정보 문제는 판단력의 혼란에 그치지 않습니다. 자기 생각, 자기 개념을 방해합니다. 정보나 지식이 많을수록 그것에 끌려다니기 쉽습니다. 오래 공부할수록, 아는 것이 많을수록 자기 생각은 없어지죠. 철학자의 이름을 알고 그들의 개념을 배울수록 자기 철학은 얻기 어렵습니다. 그들의 생각에 사로잡히기 때문입니다. 자기 철학을 갖추려면 자신의 독창성에 대한 확신이 필요합니다. 그런 확신이 들려면 과잉 커뮤니케이션에 유의해야죠. 과잉 커뮤니케이션에서 벗어날 때, 우리 눈을 가리는 안개를 걷어내고 자기 확신으로 핵심에 다가갈 수 있습니다.

데카르트의 지우개

'나는 생각한다. 고로 존재한다'는 잘 알려진 말입니다. 여기서 주의할 것은 데카르트의 결론이 아니라 이런 결론에 이르는 과정이죠. 그 과정은 전형적인 '빼기 전략'이라고 할 수 있습니다.

데카르트는 근대 철학의 아버지라고 불립니다. 중세와 근대의 경계에 우뚝 선 사람이죠. 철학자는 의심하는 사람입니다. 데카르트는 근대의 출발점에서 이전의 모든 것을 의심합니다. 종전의 패러다임과 새로운 패러다임 사이에는 단절이 있습니다. 그 단절의 가운데 선 사람은 혼란스럽죠. 그동안 알고 믿던 것들이 송두리째 부정되기 때문입니다.

이런 상황에서 데카르트는 '0'을 기준으로 새로운 지식의 구축에 나섭니다. 종전의 모든 지식을 검토한 뒤에 확고부동한 지식을 찾아 나선 것입니다. 이를 '방법적 회의'라고 부릅니다. 회의를 통해 진리를 찾겠다는 시도이기 때문이죠.

우리가 세상을 알아가는 방법은 감성과 이성으로 나눌 수 있습니다. 데카르트는 감성부터 검토합니다. 보고, 듣고, 만지는 감각을 통해 직접적인 지식을 얻을 수 있습니다. 데카르트는 감성은 변하기 때문에 진리의 기준이 되지 못한다고 결론을 내립니다. 분명 곧은 젓가락인데, 물이 든 컵에 넣으면 꺾여 보입니다. 술에 취해서 본 그녀와 맨정신으로 본 그녀는 다릅니다. 월급날의 회사와 월요일 아침의 회사는 다른 느낌이죠. 데카르트는 진리의 기준에서 감각을 지웁니다.

다음은 이성입니다. 이성으로 파악하는 수학적·과학적 지식은 진리인 것 같습니다. 엄밀함을 추구한 데카르트는 우리가 믿는 수학적 진리가 왜곡될 수도 있다고 생각합니다. 우리보다 뛰어난 악령이 원래 2 + 2 = 5인데, 4로 생각하게끔 사고를 주입할 수도 있다는 것입니다. '악령의 가설'은 〈매트릭스〉 같은 SF 영화의 단골 아이템이죠. 이성도 진리의 기준에서 지웁니다.

악령이 나를 속이려면 내가 어딘가에 있어야 합니다. 이는 부인할 수 없는 사실이죠. 데카르트의 결론은 '내가 생각하고 있다는 것은 내가 존재한다는 명확한 증거가 된다'는 것입니다. '나는 생각한다. 고로 존재한다'는 명제는 이렇게 탄생합니다. 검토 가능한 것을 하나씩 지우면서 얻은 결론이죠. 저는 이걸 '빼기 전략'이라고 부릅니다.

블루보틀의 빼기 전략

데카르트의 지우개는 우리에게 필요 없는 지식, 우리를 혼란하게 만드는 정보를 제거하는 법을 알려줍니다. 이 방법은 사업의 영역에도 고스란히 적용됩니다. 언젠가 들른 식당에서 쓸데

없이 많은 메뉴와 밑반찬에 놀란 적이 있습니다. 많은 메뉴 가운데 고객이 찾는 것은 몇 가지뿐이고, 손이 가는 밑반찬도 마찬가지입니다. 복잡한 메뉴는 고객이 선택하는 데 어려움을 주고, 가게를 특색 없는 곳으로 만들 수 있습니다.

커피 프랜차이즈 블루보틀의 창업자 제임스 프리먼은 교향악단의 클라리넷 연주자였습니다. 커피를 무척 좋아해서 공연하러 갈 때마다 직접 볶은 원두를 가지고 다녔죠. 그러다 좋아하는 일을 하고 싶어 커피 사업을 고민했습니다. 사업을 시작하기 전에 손수레를 끌고 다니며 커피를 팔아 가능성을 확인했습니다. 그의 손수레는 인기가 좋아서 줄을 설 정도였죠.

블루보틀은 제임스 프리먼의 철학이 고스란히 담긴 매장으로 탄생합니다. 커피 60그램과 물 온도 94도로 손님에게 제공합니다. 그것이 최고의 맛을 내는 커피의 조건이기 때문입니다. 핸드 드립이기 때문에 기다림은 기본입니다. 현대사회는 빠름과 속도가 성패를 가른다지만, 블루보틀은 반대 전략을 취했습니다. 바로 느림과 기다림의 미학입니다.

와이파이는 주의를 분산한다. 고객이 커피와 함께 하는 사람에게 집중할 수 있도록 뭘 더하기보다 뭘 뺄 수 있을지 늘 고민한다.
— 제임스 프리먼

블루보틀은 오직 커피 맛에 집중하기 위해 빼기 전략을 사용합니다. 인테리어를 단순화해서 자연스러운 분위기를 연출하고, 고객이 커피 본연의 맛을 느낄 수 있도록 와이파이를 설치하지 않습니다. 전원 콘센트를 없애서 노트북 같은 디바이스도 사용할 수 없습니다. 고객에게 최대한 편의를 제공하는 다른 카페와 반대 전략입니다. 일하면서, 스마트폰 영상을 보면서 마시는 커피는 맛을 제대로 느끼기 어렵습니다. 블루보틀은 바쁘고 지친 사람들에게 오직 커피에 집중하며 쉴 수 있는 여유를 제공합니다. 2019년 5월 우리나라에서 블루보틀 1호점이 문을 열었는데, 새벽부터 400명이 넘는 사람이 줄을 섰습니다.

우리는 더하는 데 익숙합니다. 더하는 것이 창조라고 생각하죠. 철학은 이런 생각에 의문을 품습니다. 철학은 비본질적인 것을 더하면 혼란이 가중될 뿐임을 발견합니다. 데카르트처럼 새로운 생각을 하려면 필요 없는 것을 빼야 합니다. 빼고 또 뺄 때 근본적인 것, 업의 본질이 남습니다. 거기서 새로 시작하는 것이 철학자의 사유입니다.

애플이 성공한 원인은 간결함에 있습니다. 종전의 기능과 버튼을 뺀 덕분에 간결한 디자인이 등장했고, 그것은 혁신이 됐습니다. 빼기가 창조인 셈이죠. "애플은 기능이 아니라 경험을 제공한다"는 애플의 수석 디자이너 조너선 아이브의 말은 기억할 가치가 있습니다. 사람들에게 좋은 경험을 제공하지 못하는 기능은 필요 없다는 말입니다. 중요한 것은 경험의 질이지, 제품과 기능의 화려함이 아닙니다.

우리 삶도 마찬가지입니다. 큰 아파트와 비싼 승용차, 예쁜 옷은 조건일 뿐이죠. 오늘 하루 경험하는 삶의 질이 중요합니다. 아파트와 승용차와 옷이 우리를 행복하게 할 수도 있지만, 그것이 없어도 괜찮다면 굳이 많은 희생을 하면서 그것을 얻기 위해 노력할 이유가 없습니다. 빼기를 통해 삶의 진실이 드러나게 하는 것, 바로 철학 하는 방법입니다.

콜라병 던지기

부시맨 자이는 동물학자의 도움으로 감옥에서 나오고, 그와 다양한 모험을 합니다. 그러는 동안 동물학자는 자이를 통해 깨달음을 얻습니다. 우리가 원하는 것은 서로 사랑하며 사는 것이었죠. 문명인 동물학자가 원시인 자이에게 배운 것은 이처럼 단순한 삶의 진실입니다. 영화는 땅끝에 도착한 자이가 신의 것인 콜라병을 힘차게 강으로 던지면서 끝납니다.

넷플릭스는 어떻게
코로나-19 시대의 제왕이 됐을까?

말싸움에서 항상 이기는 법

"연금보험 가입해야겠어."

"왜?"

"요즘 100세 시대잖아. 죽기 전까지 여유 있게 살아야지."

"죽음이 두려운 거야?"

"당연하지. 죽는 건 생각만 해도 끔찍해."

"죽음이 뭔데?"

'삶이란 무엇인가?' '죽음이란 무엇인가?' 가끔 이런 생각을 합니다. 물론 마음속으로 해야죠. 입 밖에 냈다가 밥맛 떨어진다는 핀잔을 듣기 십상입니다. 왜 이런 이야기를 하면 밥맛 떨어질까요? 답이 없는 이야기이기 때문일 겁니다. 하지만 이런 질문이 유용한 때가 있습니다. 말다툼할 때죠.

앞의 대화에서 "죽음이 뭔데?"라는 질문이 반전을 불러옵니다. 죽음을 두려워한 사람은 죽기 싫다고 생각했습니다. "죽음이 뭔데?"라는 질문은 자신이 죽음에 대해 모른다는 사실을 직시하고, 죽음을 다시 생각하게 합니다. 친구들과 말싸움이 생겼을 때 이 방법을 사용하면 항상 이길 수 있습니다. 개념을 묻는 방법이죠. "네가 말하는 죽음이 뭐야?"라고 물으면 분명 기가 죽고 말 겁니다. 직장에서 회의할 때 사용해도 괜찮습니다. "그런데 마케팅이란 뭘까요?" 이런 질문을 하면 생각이 깊은 사람으로 소문 날 겁니다.

말할 수 없는 것에 대한 침묵

'삶이란 무엇인가?' 이와 같은 질문에 답하는 학문이 형이상학입니다. 세상의 궁극적인 원리를 찾으려는 학문이죠. '존재의 본질은 무엇인가?' '신은 존재하는가?' '왜 사는가?' 등이 형이상학에서 탐구하는 문제입니다.

철학이 쓸모없다는 주장은 형이상학에 대한 비판과 관련이 있습니다. 플라톤의 이데아로 대표되는 형이상학적 논쟁은 현실에서 아무런 쓸모가 없어 보입니다. 심지어 현실의 문제를 복잡하게 만든다는 비판도 받습니다. 이런 비판의 중심에 논리실증주의가 있습니다. 논리실증주의는 어떤 이론이 참이라는 근거를 명확하게 제시하지 못하면 무의미하다고 봅니다. 철학의 과제는 논리적 분석으로 문제를 명료하게 하는 것이지, 추상적인 이론을 내세우는 것이 아니라고 주장합니다. 특히 형이상학은 논리적으로 검증될 수 없기에 배제돼야 한다고 봅니다.

비트겐슈타인이 "말할 수 없는 것에는 침묵해야 한다"고 했을 때 논리실증주의자들이 환호한 이유가 여기에 있습니다. 하지만 비트겐슈타인의 입장은 논리실증주의자들이 기대한 것과 달랐습니다. 말할 수 없는 것에 침묵하라는 것은 명확한 언어로 의사소통의 혼란을 줄여야 한다는 것일 뿐, 형이상학이 쓸모없다는 뜻이 아니었으니까요.

비트겐슈타인은 타고르의 시를 좋아했으며, 말로 표현할 수 없는 것을 "그들은 스스로 드러낸다. 그들은 신비스러운 것이다"라고 표현하기도 했습니다. 말로 표현할 수 없는 세계를 인정했죠. 비트겐슈타인이 신비스럽다고 한 그 형이상학이 21세기 들어 심오한 힘을 제대로 발휘하고 있습니다.

넷플릭스와 형이상학

DVD 대여업으로 시작한 넷플릭스는 코로나-19 시대에 승승장구하고 있습니다. 영화에 드라마까지 탑재해, 정규 방송보다 넷플릭스를 보는 사람이 많을 정도입니다. 이렇게 큰 성공을 거둔 비결이 뭘까요?

넷플릭스는 고객이 인터넷으로 비디오 대여 신청을 하면 우편으로 보내주는 시스템으로 시작했습니다. 이것만으로 성공하기 어려웠죠. 당시 고객은 인터넷으로 주문하기보다 근처 비디오 대여점에서 직접 고르는 데 익숙했으니까요.

적자에 시달리던 넷플릭스가 지금의 성공을 거둔 것은 사고의 전환 덕분입니다. 그 핵심에 음악 파일이나 동영상 파일 등을 인터넷을 통해 실시간으로 재생하는 '스트리밍(streaming)'이 있습니다. 스트리밍을 사용하면서 고객은 집에서 인터넷으로 영화를 보고, 회사는 DVD 제작과 소실, 보관과 물류비용 등을 절감하게 됐죠. 'DVD 대여업'이라는 개념을 새롭게 정의했기에 이런 혁신이 가능했습니다.

형이상학은 '존재란 무엇인가?' '신이란 무엇인가?' '행복이란 무엇인가?' 등과 같이 추상적인 개념을 다루는 학문입니다. 당연히 종전의 개념에 의문을 품습니다. 이전의 생각을 파괴하죠. 배달업은 상품을 고객이 원하는 곳으로 배송하는 일입니다. "배달업이란 무엇인가?" 묻는 사람은 형이상학적 사고를 하는 겁니다. 이런 질문을 받으면 어떻게 될까요? 배달업의 개념을 다시 정의합니다. 새로운 생각을 시도하겠죠. '물건을 직접 가져다주는 것이 배달일까?' '우편도 괜찮을까?' '온라인은 어떨까?' 이런 생각으로 이어집니다.

김밥을 파는 사람이 있습니다. 장사를 잘하고 싶으면 어떤 생각을 해야 할까요. 보통은 '어떻게 하면 많이 팔까?' '어떻게 하면 맛있게 만들 수 있을까?' 생각합니다. 형이상학적으로 사고하는 사람이라면 김밥 자체를 문제 삼을 겁니다. '김밥이란 무엇인가?' 생각하겠죠. 이런 질문을 던지면 누드김밥이나 캘리포니아롤처럼 전혀 다른 김밥이 탄생할 수 있습니다. 형이상학에 김밥의 개념을 다시 정의하는 힘이 있기 때문입니다.

뗏목을 버리는 이유

우리는 개념을 익히는 데 익숙합니다. 어려서부터 개념을 외웠고 시험도 쳤습니다. '사과란 무엇인가?' '민주주의란 무엇인가?' '상대성이론이란 무엇인가?' 배우는 것이 공부였습니다. 그런데 공부가 어느 순간부터 생각을 가로막습니다. 한 개념이 머리에 박혀서 다르게 생각하기 어렵습니다. 개념 안에서, 상자 안에서 생각하는 데 익숙합니다. 이럴 때 방법은 하나뿐입니다. 상자 밖으로 나오는 것이죠.

《금강경》에 뗏목의 비유가 나옵니다. "뗏목을 이용하면 이쪽 언덕에서 저쪽 언덕으로 갈 수 있다. 그러나 저쪽에 도착하면 뗏목은 당연히 버려야 한다." 개념을 배우는 것은 사물과 현상에 이름을 붙이는 것입니다. 이름을 붙이면 편리합니다. 세상을 알고, 의사소통할 수 있죠. 개념은 뗏목입니다. 하지만 이름이 사물을 이해하는 데 방해가 될 수 있습니다. 그때는 이름, 개념을 버려야 합니다. 사과를 이름으로 이해하는 것은 아이들의 공부입니다. 성숙한 공부는 사과라는 단어를 넘어 사과 자체에 다가가야 합니다. 그 공부가 형이상학입니다.

인간의 역사는 지식의 역사입니다. 인간은 사물에 이름을 붙이고, 현상을 언어로 표현합니다. 그것이 세상에 통용되면 지식이나 법칙 혹은 진리가 됩니다. 지식이나 법칙, 진리를 배우는 것이 공부죠. 우리는 배우지 못하면 지식이 없기에 모자란 사람이 된다고 생각합니다. 하지만 뭔가를 배워서 알기에 그것이 전부라고 착각합니다. "아는 것이 지혜를 가린다"는 소크라테스의 말뜻이 바로 이것입니다. 철학은 이런 공부와 다릅니다. 철학은 종전의 생각에 의문을 품고 새로운 생각에 접근합니다. 그때 의심이 필요하죠.

아포리아

그리스어 아포리아(aporia)는 '어떤 문제를 해결할 방법을 찾을 수 없는 막다른 길, 난관'을 뜻합니다. 살다 보면 어떻게 할 수 없는 상황, 막막한 벽 앞에서 좌절할 때가 있습니다. 아포리아에 직면하는 것이죠. 그 순간이 기회가 될 수 있습니다. '길이 없다, 이 길이 아니다'라고 느껴지기 때문에 다른 길을 찾게 되죠. 그래서 아포리아는 해결이 곤란한 상황을 뜻하는 동시에 '놀라운 발견의 기회, 혁신'을 의미하기도 합니다.

형이상학은 막다른 골목에서 혁신에 이르는 방법을 알려줍니다. 개념을 다시 생각해보라는 거죠. '경영이란 무엇인가?' '인간이란 무엇인가?' '죽음이란 무엇인가?' '실존이란 무엇인가?' 이런 질문을 던져보는 겁니다. 철학자는 자기 개념을 창조한 사람입니다. 플라톤의 이데아, 아리스토텔레스의 형상, 라이프니츠의 모나드, 니체의 힘의 의지, 하이데거의 존재, 들뢰즈의 차이와 반복 같은 말은 비슷하면서도 다른 의미로 사용됩니다. 종전의 개념을 부수고 자기 개념을 만들었기 때문입니다. 덕분에 우리 공부가 아포리아에 빠졌지만, 종전의 개념을 탐구하며 새로운 개념을 만들어간다는 것을 기억하면 재미있어질 겁니다.

저는 공부를 잘하지 못했습니다. 그저 그런 정도였죠. 물론 학교 공부를 말하는 겁니다. 대신 책 읽기는 좋아했습니다. 제가 좋아하는 분야의 책을 읽고 익히기는 신나는 일이었으니까요. 역사, 신화, 세계문학은 읽어도 읽어도 지겹지 않았습니다. 그렇게 공부하는 재미를 발견했습니다. 여기서 공부는 인생 공부, 인간 공부입니다. 다른 공부의 개념이 생겼죠.

소크라테스는 질문으로 상대방을 궁지에 몰아넣었습니다. 사물의 개념을 묻다 보면 상대방이 설명할 수 없는 곳에 도달합니다. 이때 상대는 아포리아에 직면하죠. 소크라테스는 이런 방법으로 상대방이 무지(無知)를 깨닫게 했습니다. 모른다는 것을 알아채는 순간, 우리는 새로운 개념에 도달합니다. 내가 안다고 착각한 개념을 파괴했기에 새로운 개념에 도달할 수 있는 겁니다. 소크라테스의 생각하는 법은 플라톤과 아리스토텔레스로 이어져, 서양철학사에 큰 영향을 미칩니다. 플라톤의 대화에 영향을 받으며 아카데미아에서 배운 아리스토텔레스는 이런 말을 남겼습니다.

"아포리아에 의한 놀라움에서 철학이 시작된다."

자신을 아포리아로 몰고 가는 것이야말로 새로운 생각에 도달하는 형이상학의 핵심입니다.

구글과 아마존은 어떻게 플랫폼 제국이 됐을까?

아고라

아리스토텔레스는 폴리스의 중요성을 강조했습니다. 폴리스는 자신이 속한 공동체를 의미합니다. 직장, 동호회, 교회, 노동조합, 독서회 등이죠. 인간은 혼자 살 수 없습니다. 혼자서는 생존이 불가능하고, 인간답게 살기도 어렵습니다. 궁핍할 때는 생존에 집착하지만, 상황이 나아지면 에이브러햄 매슬로가 상위 욕구로 규정한 인정받고, 존경받고, 자기를 실현하려는 마음이 커집니다. 그래서 가족을 이루고 마을과 도시, 국가 같은 공동체를 만듭니다. 인간은 '본성적으로 정치적 동물'이기 때문에 함께 살아가면서 자신을 실현하는 폴리스를 만들 수밖에 없습니다.

폴리스의 중심으로 다양한 기능을 수행하는 곳이 아고라입니다. 아고라는 '모이다'라는 뜻이죠. 고대 그리스는 정치적 활동이 활발했습니다. 그 활동의 중심지가 아고라였죠. 아고라는 사람들이 모이는 광장입니다. 시민이 모여 다양한 이야기를 나누고, 정치적 영향력이 있는 사람들의 말을 듣거나, 소크라테스 같은 철학자가 토론하는 곳이었습니다. 상인들이 노점에서 물건을 파는 시장, 운동 경기 같은 행사가 열리기도 했죠.

아고라는 우리가 왜 SNS에 접속하는지 알 수 있는 힌트를 줍니다. 페이스북에 접속하는 이유가 뭘까요? 가장 큰 이유는 소통입니다. 내가 무엇을 하고, 어떤 생각을 하는지 글과 사진, 영상으로 알립니다. 그러면 사람들이 '좋아요'를 누르거나 댓글로 답하죠. 내 생각에 동의하는 사람이 많을수록 '좋아요'가 늘어납니다. '좋아요' 숫자가 많을수록 기분이 좋아지죠. 페이스북에서 비즈니스 기회를 만드는 사람들도 있습니다. 자신이 무엇을 하는 사람인지 알리고, 콘텐츠를 홍보하고, 역량을 자랑합니다. 페이스북은 사회적이면서 정치적입니다.

페이스북이나 인스타그램을 보면 아리스토텔레스가 생각한 인간의 본성, 사회성과 정치성의 의미를 새삼 깨닫습니다. 고대에 살던 한 철학자의 생각에 현재 우리의 모습이 고스란히 있습니다. 옛사람들의 통찰에 감탄할 수밖에 없죠. 마크 저커버그가 평소 철학책을 탐독하는 이유가 여기 있습니다.

플랫폼, 접속의 시대

포노사피엔스(phono sapiens)는 '스마트폰을 항상 들고 다니며 신체 일부처럼 사용하는 현대인'을 이르는 말입니다. 세상은 스마트폰 이전과 이후로 나눌 수 있을 정도로 스마트폰이 필수품이 됐습니다. 우리는 왜 스마트폰과 한 몸이 됐을까요? 스마트폰이 인간의 사회적 본성과 맞아떨어지기 때문입니다. 누군가와 소통하고 싶은 욕망, 자신을 드러내며 인정받고 싶은 욕망이 스마트폰에 고스란히 녹아 있습니다. 인터넷은 이런 욕망을 더 쉽고 재미있게 충족하도록 도와줍니다.

친구와 들른 식당에서 음식 사진을 찍어 페이스북이나 인스타그램, 밴드에 올립니다. 다른 사람들의 반응을 보며 댓글로 소통합니다. 부러워하는 타인의 시선을 즐기며 존재감에 행복해집니다. 집으로 돌아오는 지하철에서 추가 댓글을 확인하죠. 이 모든 과정이 스마트폰 하나로 충분합니다.

우리 시대를 상징하는 말은 '접속'입니다. 포노사피엔스가 하는 것도 결국 접속이죠. 네이버에 접속해서 검색합니다. 다음에 접속해서 메일을 보내죠. 유튜브에 접속해서 영상을 보고, 페이스북에 접속해서 이야기를, 인스타그램에 접속해서 사진을 올립니다. 접속이야말로 우리 시대 인간의 모습을 상징하는 핵심 키워드입니다.

접속이 핵심 키워드가 됐음을 증명하는 결정적 사건이 있습니다. 바로 플랫폼의 출현입니다. 구글, 아마존, 애플, 페이스북은 '플랫폼 4대장'으로 불립니다. 우리 시대를 지배하는 디지털 제국들이죠. 이들이 세계를 지배할 수 있었던 것은 강력한 플랫폼을 보유했기 때문입니다. 접속의 물결은 플랫폼으로 몰려들었고, 이들은 플랫폼을 무기로 활용했습니다. 플랫폼이 뭘까요?

플랫폼의 개념이 확정된 것은 아니지만, '여러 사람이 참여해서 필요한 것을 교환하거나 얻을 수 있는 환경 혹은 구조' 정도로 이해할 수 있을 듯합니다. 네이버, 다음, 구글, 유튜브, 넷플릭스 등이 모두 플랫폼입니다. 여기 접속해서 뉴스를 보고, 물건을 구매하고, 영상을 보고 소통합니다. 이 모든 활동이 접속을 통해서 이뤄집니다. 우리는 깨어 있는 동안 자신이 선호하는 플랫폼에 상주합니다. 물건을 구매하는 경우를 제외하면 대부분 무료죠.

이제 사람들은 직접 제작한 콘텐츠를 보여주려 합니다. 글과 사진, 동영상 등을 제작하고, 그것으로 자신이 누구인지 알리고 싶어 하죠. 이 과정을 편리하고 안전하게 관리할 툴을 원합니다. 사람들이 원하는 것을 훌륭하게 제공할수록 플랫폼에 머무는 시간이 길어질 겁니다. 고대 그리스인이 아고라를 찾듯이, 우리는 플랫폼에 접속합니다.

사람을 읽은 아마존

아마존의 설립자 제프 베조스는 성공한 펀드매니저였습니다. 하지만 그는 인터넷과 컴퓨터에 더 매력을 느꼈습니다. 그는 인터넷 사용량이 폭발적으로 증가하는 것을 보고, 자신이 좋아하는 일에 뛰어들 기회를 노리다가 1994년 아마존을 설립합니다. 온라인 서점으로 시작해서 DVD, 컴퓨터 소프트웨어, MP3 다운로드로 분야를 넓히다가 장난감, 전자 제품, 가구까지 판매하는 종합 쇼핑몰로 진화하죠. 처음에는 쉽지 않았습니다. 아마존이 첫 흑자를 기록한 2002년까지 인고의 세월이 필요했습니다. 그 과정에서 성공 궤도에 오르게 만든 것이 플랫폼이죠.

사람들이 온라인에서 쇼핑할 때 가장 불편해하는 것이 뭘까요? 바로 복잡함입니다. 회원 가입하고, 주소 등록하고, 신용카드 번호 입력하고… 그러다 지쳐 포기합니다. 사람은 복잡한 것을 무엇보다 싫어하죠. 한 번에 끝내고 싶어 합니다. 아마존은 복잡한 절차를 한 번에 끝낼 수 있는 원클릭 기술을 개발하고 특허를 냅니다. 이전에는 물건을 살 때마다 결제 정보를 입력했지만, 이제 클릭 한 번으로 종전의 배송 주소와 신용카드 번호까지 불러올 수 있습니다. 고객이 환호한 것은 당연합니다.

더 중요한 것은 고객의 정보입니다. 고객의 정보를 가졌다는 것은 어떤 고객이 어떤 제품을 구매했고, 어떤 성향이 있으며, 무엇을 원하는지 알 수 있다는 의미입니다. 한마디로 사람을 아는 것이죠. 사람은 자기 성향이 있습니다. 그것을 알면 설득하기 쉽죠. 한비자는 말했습니다.

> 용은 유순하여 사람이 타고 놀 수 있지만, 역린(턱 아래 거꾸
> 로 난 한 자쯤 되는 비늘)을 건드리면 반드시 사람을 죽인다.
> ― 한비자,《한비자》

　사람을 설득하려면 역린을 건드려선 안 되죠. 그 사람의 성향에 맞춰서 말해야 설득할 수 있습니다. 사람을 알면 설득하기 쉽듯이, 사람을 알면 비즈니스 성과도 높습니다. 공자가 십수 년을 돌아다니며 제후들을 설득했지만, 자리 잡지 못한 것도 이와 관련이 있습니다. 듣는 사람보다 자기 원칙을 앞세웠기 때문입니다. "말은 맞는 말인데, 딱하다"는 소리를 듣고 말았죠.
　아마존은 고객의 정보를 가지고 그들을 설득하기 시작합니다. 인터넷 쇼핑몰에서 물건을 구매하면 '이 제품을 구매한 분들이 구입한 제품' '이 제품과 관련된 추천 상품' '안상헌 님을 위한 특별 제품' 등이 표출됩니다. 지금이야 당연하게 여기지만, 당시엔 놀라운 일이었습니다. 수집한 빅 데이터는 '아마봇(Amabot)'이라는 AI가 담당합니다. 고객의 성향 데이터를 분석해서 각 페이지에 보일 상품을 재구성하기 때문에, 고객마다 다른 페이지를 보

죠. 결과는 매출 증대로 이어졌습니다. 고객의 정보가 새로운 비즈니스를 창출한 셈이죠.

분위기를 탄 아마존은 급속히 사업을 확장합니다. A부터 Z까지 모든 물건을 팔겠다는 목표를 세웠죠. 아마존 스토어, e-book 킨들 같은 디바이스 판매로 확장한 뒤 클라우드 플랫폼과 인공지능 영역까지 넓혔습니다. 전자상거래의 폭식자로 라이프스타일의 변화를 이끌고 있죠. 고객이 머물 수 있는 플랫폼을 구축하고, 거기서 얻은 데이터를 적극적으로 활용했기에 이 모든 것이 가능했습니다. 사람을 알고 사업을 한 것입니다.

부의 원천

구글은 1998년 세르게이 브린과 래리 페이지가 만든 검색 사이트입니다. 스탠퍼드대학교 신입생으로 만난 두 사람은 세상의 흐름을 읽고 검색 사이트를 구축합니다. 검색 기능이 탁월한 사이트를 구축하고 광고로 수익을 올리는 방식이었죠. 이를 위해 '에드워즈'를 도입합니다. 에드워즈는 고객이 검색하면 결과와 함께 관련 광고를 표출하고, 광고를 클릭한 경우 광고료를 받는 방식입니다. 결과는 놀라웠습니다. 에드워즈는 '돈을 찍어내는 기계'라고 불릴 정도로 엄청난 수익을 가져다주었으니까요.

비즈니스 환경은 변합니다. 계속 검색에만 의존할 순 없습니다. 확장이 필요했고, 이는 플랫폼이 돼야 함을 의미했습니다. 사람들이 오래 머물수록 광고 수익은 늘어날 테고, 그 자금력으로 더 나은 서비스를 제공해 더 많은 사람의 접속을 유도할 수 있겠죠. 그 뒤에 천문학적 광고 수익이 따라옵니다. 실제로 구글 수익의 87퍼센트가 광고에서 나옵니다.

이제 사람들은 크롬을 통해 구글에 접속해서 메일을 확인합니다. 필요한 검색으로 자료를 얻고, 뉴스를 봅니다. 구글 맵스를 통해 길을 찾고, 같은 계정으로 유튜브에 접속해 동영상을 봅니다. 자신을 알릴 영상을 유튜브에 올리기도 하죠. 검색엔진으로 시작한 구글이 세계를 지배하는 제국으로 진화한 것은 플랫폼을 활용한 덕분입니다. 사람들은 입을 모아서 말합니다. "플랫폼이 대세다." "플랫폼이 부의 원천이다." 하지만 그전에 사람을 알아야 합니다. 사람을 알아야 플랫폼도 활용할 수 있으니까요.

나만의 아고라를 찾아서

자기만의, 우리 회사만의 아고라를 갖고 플랫폼을 구축할 수 있다면 얼마나 좋을까요? 아마존과 구글의 시작은 작았습니다. 온라인 서점, 검색 사이트라는 독특함이 그들의 무기입니다. 그것이 그들의 킬러 콘텐츠죠. 그들은 '죽여주는' 뭔가를 찾았고 확장했습니다.

우리는 각자 잘하는 것이 있습니다. 남들보다 뛰어나고 독특하고 매력 있는 어떤 것입니다. 그것이 없다면 고객이 내 플랫폼을 찾을 이유가 없습니다. 사람이 뭔가를 찾는 이유는 다양합니다. 구매, 검색, 메일, 공감, 소통, 뉴스, 비즈니스, 재미 등 각자 목적이 다릅니다. 그 목적을 쉽고 재미있고 저렴하게 달성할 수 있다면 다시 그곳을 찾겠죠.

기업만 플랫폼이 필요한 것은 아닙니다. 플랫폼은 개인에게도 중요합니다. '나'라는 사람이 플랫폼입니다. 많은 사람이 나에게 접속합니다. 나와 정보를 공유하고, 소통하고, 아이디어를 발견하고, 위로를 얻습니다. 그들이 내게 접속하는 이유를 안다면, 그것의 매력을 끌어올린다면 더 많은 사람이 찾아오겠죠. 나의 킬러 콘텐츠는 무엇일까? 이런 질문을 던져볼 필요가 있습니다.

데카르트는 "나는 생각한다. 고로 존재한다"고 했지만, 인터넷 환경은 인간의 모습을 바꾸고 있습니다. 이제 '나는 접속한다. 고로 존재한다'가 진실이 될 것입니다. 접속의 시대, 사람을 아는 것이 힘입니다.

스토리가 있는
초콜릿은 왜 더 달콤할까?

스토리의 힘

아이들의 영원한 친구, 레고(LEGO)는 1990년대 후반 비디오 게임에 밀려 위기를 겪습니다. 1998년부터 2004년까지 사상 최악의 적자로 부채가 8100억 원에 이르러 파산 위기에 직면하죠. 위기 극복에 나선 레고는 몸무게부터 줄입니다. 무리한 사업을 접고 레고 자체에 집중했습니다. 하지만 스마트폰의 강세 때문에 쉽지 않았죠. 아이들이 동영상이나 게임을 더 좋아했기 때문입니다. 이런 상황에서 레고는 '스토리' 전략을 사용합니다.

레고는 2000년대에 '스타워즈' 시리즈를 출시해서 좋은 반응을 얻었습니다. 2011년에는 닌자 이야기가 담긴 '닌자고' 제품도 출시합니다. 홍보용 애니메이션을 제작해서 유튜브 등에 업로드

하죠. 애니메이션을 보고 자연스럽게 제품을 구매하도록 유도한 것입니다. 여기에 '반지의 제왕'과 '해리 포터' 시리즈, 여자아이를 위한 '레고 프렌즈'까지 출시합니다. 결과는 놀라웠습니다. 10년 만에 매출이 6배나 늘었고, 직원도 4배 증가했죠.

이 모든 과정의 핵심에 스토리가 있습니다. 아이들이 재미있게 즐기도록 애니메이션을 제작하고 스토리를 입힌 것이 성공의 원인입니다. 제가 어릴 때 레고는 사각형 조각을 조립하는 정도였습니다. 이제는 순서에 따라 조립하면 캐릭터 하나가 완성되죠. 그 캐릭터에 이야기가 담겨 있습니다.

세상은 이야기를 중심으로 돈다

스토리 시대입니다. 자기소개서부터 마케팅까지 온통 스토리가 강조되죠. 스토리가 중요해진 것은 사람이 이야기로 생각하기 때문입니다. 우리가 일상적으로 듣는 뉴스, 인터넷 기사, 영상 등이 모두 이야기입니다. 이야기는 우리 마음에 어떤 인상을 남깁니다. 그 인상을 통해 생각하고, 그 생각에 따라 행동합니다.

태초의 인간에게 이야기는 전부였습니다. 세상이 어떻게 만들어졌고, 무엇을 조심해야 하며, 어떻게 행동해야 하는지 이야기를 통해 배웠습니다. 신화와 민담, 전설 같은 이야기 덕분에 모험에 뛰어들고, 외로움을 견디며, 편히 잠들 수 있었죠. 그렇게 우리는 이야기를 통해 인간이 됐습니다.

시대가 변했지만, 여전히 이야기는 삶의 중심을 차지하고 있습니다. 페이스북으로, 인스타그램으로, 밴드로, 카카오톡으로 수많은 이야기가 오가죠. 엄청난 이야기가 가상의 세계를 채우고, 우리는 그 세계에 접속해 마음에 드는 이야기를 고릅니다. 세상은 이야기를 중심으로 돌아갑니다. 김영하 작가의 표현을 빌리면 '설동설(舌動說)'입니다. 물리학의 세계에서는 지동설이 맞지만, 마음의 세계에서는 설동설이 맞습니다.

이야기하는 이유

사람은 자신을 드러내고 싶은 본능이 있습니다. '내가 난데'를 보여줌으로써 존재감을 느낍니다. 동창회에 가보면 쉽게 확인할 수 있습니다. 자신이 어떤 사람이고, 무엇을 타고 왔으며, 얼마나 돈을 잘 버는지 이야기하느라 어지러울 지경입니다. "나, 벤츠 타고 왔어" "나, 프라다 백 들었어" "연봉이 1억이야"라고 직접 말하지 않습니다. 그런 방식은 상대방의 질투를 유발해 공격을 받기 십상이기 때문입니다. 간접적으로 전달하는 방법, 즉 이야기가 최선입니다.

스토리텔링이 중요해진 것도 이와 관련이 있습니다. 사람은 이야기에 익숙하고, 이야기하기를 좋아합니다. 생각을 전달하는 데 스토리만큼 효과적인 것도 없죠. 객관적 사실을 진술하거나, 통계자료를 제시하는 것보다 이야기로 표현하는 것이 훨씬 설득력 있습니다. 우리가 전달하고 싶은 것에는 자기 자랑도 포함됩니다. 이 때문에 다른 사람에게 알려줄 필요가 없는 정보까지 이야기합니다. 유튜브만 봐도 투자 기술, 생활 상식, 추천 도서 같은 주제를 다루는 채널이 많습니다.

우리가 남들에게 알리지 않아도 되는 정보를 쏟아내는 이유는 더 괜찮은 사람으로 보이고 싶은 욕망 때문입니다. 남들이 모르는 것, 특별한 것, 놀라운 경험을 내세울수록 매력적으로 보이죠. "너, 그 책 봤어?"라고 말하면서 자신이 책을 읽는 지적인 사람임을 드러냅니다. "어제 뮤지컬 보러 갔는데"라는 말은 나는 뮤지컬을 볼 정도로 문화적 소양이 있는 사람이라는 것을 암시합니다.

이야기, 상징을 담다

이야기는 말로 할 수 있고, 몸짓으로 할 수도 있습니다. 혹은 보여주는 방법도 있죠. 사람들은 뭔가를 보는 것만으로 그 안에 담긴 이야기를 읽어냅니다. 그 속에 상징이 있기 때문입니다. 자동차, 아파트, 가방, 오토바이, 시계 등이죠. 명품이 인기 있는 것은 그 안에 담긴 상징 때문입니다.

이야기는 강력한 상징이 돼서 뇌를 지배합니다. 유비 하면 인자함이 떠오르고, 조조에게는 간웅이라는 단어가 따라다닙니다. 관우의 수염에는 자존심과 용맹이, 장비의 수염에는 의리가 함께하죠. 《삼국지》의 인물은 어떤 상징으로 이해되고, 그 상징에는 이야기가 담겨 있습니다. 한번 각인된 이미지는 좀처럼 바뀌지 않습니다. 덕분에 《삼국지》는 영화와 게임 등으로도 널리 활용됩니다.

고디바는 벨기에의 초콜릿 브랜드입니다. 고디바는 영국의 코벤트리 지역을 통치한 영주 부인의 이름이기도 합니다. 당시 영주가 높은 세금을 강제로 거두면서 농노들의 삶이 피폐해지자, 이를 안타까워한 고디바가 남편에게 세금 감면을 부탁하죠. 영주는 아내에게 나체로 말을 타고 영내를 돌면 세금을 감면하겠다고 말합니다. 고디바는 실행했고, 덕분에 농노들은 세금을 감면받았습니다. 고디바 초콜릿은 값이 비싼데도 인기가 많습니다. 고디바라는 이름에 '따뜻하고 아름다운 마음'이라는 상징이 담겨 있기 때문입니다.

세상은 상징으로 가득합니다. 찢어진 청바지, 낡아 보이는 옷, 싸구려 티셔츠를 입고 다니는 사람은 "나는 옷에 신경 쓰지 않는 사람이다"라고 말하는 것과 같습니다. '나는 옷보다 내면과 개성, 취향에 관심 있는 사람'이라는 상징이죠. 옷차림으로 사람을 판단할 수 있는 것은 그 옷에 이야기와 상징이 담겨 있기 때문입니다. 옷차림, 헤어스타일, 신발 등은 내가 누구인지 말보다 선명하게 알려줍니다.

사람들은 고상하게 보이기 위해, 개성을 드러내기 위해, 지적으로 보이기 위해 상품을 구매하고 활용합니다. 그런 상품에는 '나를 가지면 당신은 매력적인 사람이 됩니다'라는 약속이 담겨 있죠. 요즘은 부(富)를 자랑하기보다 개성을 강조하는 쪽이 유리합니다. 부는 속물이라는 인상을 줄 수 있지만, 개성은 돈 대신 자기만의 멋과 스타일을 강조합니다. 자기 철학이 있는 사람으로 보이게 하죠. 액세서리를 치렁치렁 단 사람보다 청바지에 책을 든 사람이 지적이고 매력적입니다. 개성이 돈보다 강합니다.

사람들은 이제 사용가치가 아니라 '상징 가치' 때문에 제품을 구매하고 서비스를 이용합니다. 상징이 내가 누구인지 보여주기 때문이죠. 우리는 그런 상징을 통해 자기 정체성을 확보합니다.

이야기를 만드는 방법

비극의 생명은 플롯이다.
— 아리스토텔레스

아리스토텔레스는 《시학》에서 비극, 이야기를 구성하는 방법을 설명합니다. 그는 플롯을 강조합니다. 플롯은 일어나는 사건의 결합을 의미하죠. 인물이 행동하면 그 행동은 결과를 가져오고, 그 결과가 행복과 불행을 만듭니다.

플롯은 반전, 발견, 파토스로 구성됩니다. 반전은 이야기가 갑자기 반대 방향으로 전개되는 것을 말합니다. 발견은 모르는 것을 알게 되는 것을 말하죠. 좋은 플롯은 반전과 발견이 함께 일어납니다. 파토스는 죽음이나 고통, 괴로움을 불러오는 행동으로 비극에서 중요한 요소입니다. 좋은 이야기를 만들려면 플롯의 세 가지 구성 요소를 활용해야 합니다.

아리스토텔레스의 말은 좋은 이야기에는 고난과 갈등, 그것을 이겨내는 반전이 있다고 정리할 수 있습니다. 반전이 일어나는 이유나 그것을 대하는 인물의 태도가 감동과 깨달음을 줍니다.

실제 있었던 이야기 한 토막을 살펴보겠습니다.

세계적인 사과 생산지인 일본 아오모리(青森)현은 1991년 태풍으로 큰 피해를 봤습니다. 출하 준비 중이던 사과가 대부분 떨어지거나 상처가 나서 상품 가치가 없어졌기 때문입니다. 이때 한 농부가 태풍을 견딘 사과에 '합격사과'라는 이름을 붙여 비싸게 팔면 어떻겠냐는 아이디어를 냈습니다. '강한 태풍에도 살아남았는데 그깟 시험에 떨어지겠냐'는 카피도 만들었습니다. 사과는 시험을 앞둔 학생들에게 인기를 끌어 날개 돋친 듯 팔렸습니다. 덕분에 합격사과는 아오모리현의 대표 사과가 됐습니다.

합격사과 이야기에는 고난과 갈등(태풍에 사과의 상품 가치가 떨어졌다)이 있습니다. 여기에 반전(합격사과라는 매력적인 이름을 지었다)이 일어납니다. 덕분에 고난을 이겨내고 하나의 브랜드로 우뚝 섰습니다. 합격사과라는 이름이 상징으로 작용해 사람들에게 각인됐습니다.

자기소개서를 쓰는 학생이라면 공부하면서 어떤 어려움이 있었는지 이야기로 들려줘야 합니다. 그 어려움을 어떤 계기로 반전시켰는지 알려준다면 성공적인 스토리텔링이 됩니다. 사업가라면 자신의 제품과 브랜드에 어떤 고민이 담겨 있는지 들려줘야죠. 고객은 '제품'이 아니라 '이야기'로 판단합니다.

고객의 마음을 사로잡는 이야기 그물

알프스의 작은 마을 에비앙에 신장결석을 앓는 귀족이 요양하고 있었습니다. 한 주민이 와서 이곳 지하수가 몸에 좋으니 마셔볼 것을 권합니다. 귀족은 꾸준히 물을 마셨고, 어느새 병이 깨끗이 나왔습니다. 전문가들이 에비앙 마을의 물을 연구해보니 알프스의 눈이 오랫동안 정화돼 미네랄 성분이 풍부했습니다. 그 후 에비앙은 세계인이 즐겨 마시는 생수가 됐죠.

에비앙 생수가 전 세계로 팔려나가는 까닭이 뭘까요? 정말로 병을 고치는 약수이기 때문일까요, 아니면 병을 고칠 수 있다는 이야기 때문일까요?

이제 사람들은 이야기가 없는 사람, 이야기가 없는 회사, 이야기가 없는 제품, 이야기가 없는 삶에는 매력을 느끼지 못합니다. 세상은 이야기를 중심으로 돌아갑니다. 이런 상황에서 우리가 생각할 점은 분명합니다.

'제품과 브랜드에 어떤 이야기를 담아야 할까?'

그 이야기의 그물로 고객의 마음을 사로잡을 수 있느냐에 성패가 달렸습니다.

사람의 마음은
어떤 가치에 움직일까?

《논어》가 살아남은 이유

군자는 의리에 밝고 소인은 이익에 밝다(君子喩於義 小人喩
於利).

— 공자, 《논어》

《논어》는 경영자들이 좋아하는 책 1위로 꼽힐 만큼 널리 읽힙
니다. 2500년 전 공자와 제자들이 나눈 이야기를 담은 책이죠.
이렇게 오래된 이야기가 어떻게 2500년이나 살아남을 수 있었
을까요? 유교가 국가 통치 이념이 됐기 때문에, 사회를 유지하는
훌륭한 덕목이 담겨 있어서, 인간관계에 대한 통찰력을 얻을 수
있어서 등 다양한 이유가 있습니다.

여기에 한 가지를 더하고 싶습니다.《논어》를 읽으면 내가 가치 있는 사람이 된 것 같은 느낌이 듭니다. 소인이 아니라 군자가 된 기분이죠.

보편적 감정

"인간은 만물의 척도다"라는 말로 유명한 프로타고라스는 고대 그리스 철학자입니다. 소피스트를 대표하는 사람이죠. 소피스트는 교양이나 학예, 말하는 방법 등을 가르친 사람들입니다. 프로타고라스는 상대주의를 주장합니다. 우리는 세상에 대한 지식이 있습니다. 지식은 우리 감각을 거치지 않고 형성될 수 없죠. 그런데 감각은 사람마다 다릅니다. 사람에 따라 옳고 그름의 판단이 달라질 수 있습니다. 인간이 만물의 척도라는 말은 사람에 따라 사물을 다르게 판단할 수 있음을 강조한 것입니다. 결국 '모든 의견이 참'일 수 있죠.

소크라테스는 반대로 올바른 삶의 기준이 있고, 그에 따르는 것이 좋은 삶이라고 생각했습니다. 그렇지 않다면 세상은 서로 자기주장을 내세우는 혼란한 곳이 되겠죠. 한 사람에 대한 평가도 '올바른 행위를 하느냐, 나쁜 행위를 하느냐'에 달렸습니다. 소크라테스에게 훌륭한 삶이란 '올바르고 명예로운 삶'입니다.

프로타고라스가 상대주의자인 반면, 소크라테스는 절대주의자입니다. 상대주의는 사람에 따라 판단 기준이 달라질 수 있으며, 항상 옳은 진리는 없다고 봅니다. 절대주의는 세상과 사회를 움직이는 진리가 있으며, 그 진리에 따라야 한다고 주장하죠.

공자는 인(仁)과 예(禮)를 중요시했습니다. 인이 사람을 사랑하는 것이라면, 예는 그것이 겉으로 드러나는 모양, 즉 사회규범과 윤리 같은 것입니다. 《논어》에서 말하는 공자의 주장을 한마디로 요약하면 '자기를 이기고 예로 돌아가는 것(克己復禮)'입니다. 이기적인 마음을 이겨내고 사회적으로 필요한 행동과 역할을 할 수 있어야 한다는 말이죠. 자기 생각과 이익에 따라 행동하면 사회적 혼란을 피할 수 없습니다. 자기 이익에 따라 행동하는 사람은 소인, 전체를 생각하며 행동하는 사람은 군자라고 합니다.

우리가 《논어》를 읽으면 좋은 사람, 가치 있는 사람이 된 기분이 드는 것은 이 때문입니다. '세상은 이래야 한다, 이렇게 살아야 한다'는 보편적 감정에 동참하는 것입니다.

가치 있는 일을 하면

사람마다 추구하는 가치가 다릅니다. 돈을 추구하는 사람이 있고, 자유로운 시간을 중요하게 여기는 사람도 있습니다. 물론 공통으로 추구하는 가치도 있죠. 곤경에 빠진 사람을 도우려는 마음이 그렇습니다. 맹자는 아이가 우물에 빠진 것을 보면 아무리 나쁜 사람도 뛰어가서 구해준다고 말합니다. 측은지심(惻隱之心) 때문입니다. 맹자에게 힘든 사람을 돕는 것은 사람의 공통적 본성입니다. 좋은 일을 하면 뿌듯합니다. 유니세프나 그린피스의 광고는 인간의 보편적 감성인 측은지심에 호소하죠.

비즈니스 세계에서도 공통의 본성은 중요합니다. 자기 이익을 위해 살면서도 올바르지 못한 것을 보면 분노하고, 훌륭한 행동을 보면 박수를 보내는 것이 사람입니다. 어떤 기업이 가치 있는 일에 투자하고 그것을 위해 노력한다는 인상을 받으면 열렬히 응원하고 '돈쭐'내려 합니다. 반면 '갑질'을 하거나 사회적으로 해악을 끼치는 기업은 불매운동 같은 역풍을 맞습니다.

영화 〈아이언맨〉의 실제 모델인 일론 머스크는 민간 우주로켓 개발 업체 스페이스X를 창업하고, 이어 전기자동차를 만드는 테슬라도 설립합니다. 얼마 후에는 태양광 에너지 업체인 솔라시티를 세우죠. 2012년 스페이스X는 민간 기업 최초로 우주정거장에 화물을 수송하는 데 성공합니다. 2030년 화성에 우주선을 보내 도시를 건설하고, 지구인을 이송할 계획도 밝혔죠.

그는 왜 이런 일을 벌일까요? 돈을 벌기 위해서? 아닌 것 같습니다. 일론 머스크는 자신이 창업한 페이팔을 이베이에 매각해서 15억 달러를 벌었습니다. 그는 평생 놀고먹어도 남을 돈을 몽

땅 스페이스X를 설립하는 데 써버립니다. 성공할 가능성이 별로 없는 사업에 전 재산을 쏟아붓는 것은 돈이 목적이 아님을 알려 줍니다. 그가 이런 일을 하는 이유는 인간을 위해서입니다. 그의 목적은 화성에 인간을 이주시키는 것입니다. 환경 파괴와 인구의 폭발적 증가로 인간의 삶이 위기에 처했기 때문이죠.

인간은 지구의 자원을 활용해 살아갑니다. 그 과정에서 환경 오염 문제가 발생하죠. 문명이 발달할수록 오염의 문제는 커집니다. 엔트로피, 무질서가 증가하기 때문입니다. 지구에서 사용할 유용한 에너지원이 언젠가 사라질 겁니다. 그럼 인간은 어떻게 될까요? 멸망입니다. 이 문제는 환경보호 운동으로 해결되지 않습니다. 엔트로피를 역행할 수 없기 때문입니다. 방법은 하나, 다른 행성으로 옮기는 것뿐입니다.

화성으로 이주하려면 우주공학 기술의 엄청난 발전이 필요합니다. 그 시간을 앞당기기 위해 설립한 회사가 스페이스X입니다. 지구의 환경 파괴 속도를 줄이는 일도 필요합니다. 그래야 준비할 시간을 벌 수 있으니까요. 석유 같은 화석연료를 사용하면 환경 파괴를 막을 수 없기에 전기자동차가 필요합니다. 이것이 테슬라를 설립한 이유입니다. 환경 파괴를 막기 위해 태양광 에너지를 활용하는 것도 중요합니다. 그 기술을 개발하고 보급하기 위해 솔라시티를 창업하고, 태양광 패널을 무상으로 설치해 20년간 장기 임대하는 놀라운 계획을 발표합니다.

화성에 도시를 건설하겠다는 생각은 초등학생의 허황한 상상 같습니다. 그 말도 안 되는 상상을 실제로 구현하고, 그 성과가 조금씩 눈에 보이는 상황입니다. 세계 최고 부자가 됐으니 그 돈으로 자신의 꿈을 더 앞당기려고 할 겁니다. 테슬라의 성공은 전기자동차라는 시대적 흐름에 맞아떨어졌기 때문이라고 생각하는 사람이 많습니다. 저는 정반대라고 생각합니다. 전기자동차 시대가 왔기 때문에 테슬라가 성공한 것이 아니라, 테슬라 때문에 전기자동차 시대가 왔다고. 그 테슬라를 만든 사람이 일론 머스크죠.

일론 머스크가 도덕적으로 훌륭하다는 말이 아닙니다. 기업가는 사업을 하는 사람이지 성인군자가 아니죠. 사업을 위해서라면 물불을 가리지 않습니다. 일론 머스크가 사업의 성공을 위해 가치를 내세우는지, 인류의 구원이라는 가치를 위해 성공하려는지 그의 마음속에 들어가 보지 않았으니 알 순 없습니다. 실제로 그는 비트코인이나 도지코인 같은 가상 화폐를 활용해 막대한 수익을 올렸고, 그 과정에서 사회적 이미지가 망가지기도 했습니다. 우리는 사업가에게 도덕과 윤리를 요구하지만, 그들은 도덕적이지도 선하지도 않은 듯 보입니다. 이것이 사업가의 야누스적인 면이죠. 철학자들이 종전의 개념에서 벗어나듯, 사업가도 세상이 말하는 윤리에서 이탈하는 경우가 많습니다.

가치에 올라타다

테슬라 자동차를 타면 어떤 느낌이 들까요? 지구 환경을 보호하는 일에 동참하고 있다는 느낌이 들 겁니다. 이런 사람이 점점 늘어나고, 결국 전기자동차가 대세가 될 겁니다. 이것이 테슬라가 가진 지구 환경보호라는 가치의 힘입니다. 일론 머스크가 주목받는 것은 아무도 시도하지 않는 놀라운 일에 도전하는 그의 철학 때문입니다. 그 철학이 세상을 바꾸고 있죠.

스타트업을 한다면 가치에 주목해야 합니다. 인간은 가치 있는 일에 돈과 에너지를 아끼지 않습니다. 스티브 잡스는 아이폰을 예술품으로 만들고자 했습니다. 단순하면서도 감각적이고 미적 취향이 담긴 스마트폰을 원했습니다. 그것을 만드는 엔지니어들에게 예술가가 되자고 외쳤죠. 예술품의 가치는 감동입니다. 아이폰을 사용하면서 예술적 감성을 누리고 싶은 겁니다. 그 느낌을 제공할 수 있다면 고객은 열광하겠죠.

이제 사람들은 제품이 아니라 가치를 삽니다. 사회적 부가 증가할수록 물질적 풍요가 전부가 아님을 인식하는 사람이 늘어납니다. 21세기가 가치에 주목하는 것은 이런 배경 때문입니다.

최근 가치를 앞세워 성공하는 기업이 늘어나고 있습니다. 대표적인 가치가 친환경입니다. 환경 파괴에 대한 경각심이 높아지면서 환경을 보호해야 한다는 보편적 인식이 확대됐습니다.

당연히 환경보호에 앞장서는 기업의 제품이 인기를 끌겠죠. 롯데 아이시스는 생수병의 비닐 라벨을 제거한 것만으로 매출이 크게 늘었습니다.

이런 분위기라면 일회용 포장 용기 사용도 주의해야 합니다. 지나치게 고급스러운 포장은 환경을 파괴하는 주범으로 인식될 수도 있습니다. 신선식품 배송 1위에 오른 마켓컬리는 새벽 배송에 쓰이는 포장재를 종이로 교체했습니다. 플라스틱이 환경오염의 주범으로 떠오른 상황에서 마켓컬리의 정책은 고객의 환호를 받을 만합니다.

스위스 가방 브랜드 프라이탁은 대표적인 업사이클링 기업으로 인지도가 높습니다. 폐기된 트럭 방수포와 자동차의 안전띠 등을 재활용해서 가방을 만듭니다. 프라이탁 가방을 가진 사람은 환경보호에 일조한다는 프라이드를 경험할 수 있죠. 이제 친환경은 필(必)환경이 됐습니다. 우리가 자연을 빌리고 있다는 사실을 사람들이 공감하기 때문입니다.

동물 복지도 우리 시대의 중요한 가치입니다. 삼겹살이나 치킨을 자주 먹는 우리에게 돼지와 닭의 복지는 건강과 직결됩니다. 게다가 동물도 생명이기에 살아 있는 동안 최소한 삶의 질을 보장해야 한다는 인식이 높아졌습니다. '동물 복지 인증 치킨'과 '동물 복지 유정란'이 판매되고, '암탉에게 자유를'이라는 슬로건이 등장했습니다.

시장은 감성이다

이제 사업은 이익이 아니라 가치입니다. 환경부터 인권, 양심, 동물 보호, 건강, 종교, 에너지, 정치까지 모든 분야가 가치에 주목하고 있습니다. 이익에 눈먼 기업은 존속할 수 없습니다. 돈만 밝히는 사람은 사업을 해선 안 됩니다. 혼자 잘 먹고 잘살겠다는 사람의 제품을 구매하고 그와 함께 일하려는 사람은 없습니다. 나는 어떤 가치를 추구하는지 보여줄 때, 그 가치에 동감하는 고객이 움직입니다. 기업이 선한 일을 하고 올바른 가치를 추구할 때, 그 결과는 수익과 박수로 돌아옵니다. 그 가치가 아름답고 인간적이고 놀랍다면 두말할 필요가 없죠. 가치에 올라탈 수 있다면 사업에 날개를 단 것과 마찬가지입니다. 21세기 시장은 논리가 아니라 감성으로 움직이기 때문입니다.

시장이 감성적인 것은 인간이 그렇기 때문입니다. 우리는 제품이 뛰어나고, 디자인이 훌륭하면 잘 팔릴 것으로 생각합니다. 20세기에는 그랬지만 지금은 아니죠. 우리가 원하는 진리는 우리와 연관 있는 것입니다. 우리와 상관없는 진리라면 무슨 소용이 있을까요? 뛰어난 성능과 훌륭한 디자인을 자랑한다 해도 우리 가슴을 흔들 수 없다면 무의미합니다.

철학자 키르케고르는 고정불변하는 법칙을 진리라고 생각하지 않습니다. 그에게 진리는 '내가 그것을 위해 죽고 살 수 있을 때'입니다. 내게 의미 있고 가치 있게 다가올 때 진리라는 것입니다. 20세기에 진리가 성능이었다면, 21세기에는 다른 진리의 개념이 필요합니다. 그중 하나가 가치인 것은 분명합니다. 이 또한 곧 변하겠죠. 철학이 질문을 던지는 학문이라면, 우리 시대 사업하는 사람에게 가장 가치 있는 질문은 이것입니다.

사람은 어떤 가치에 마음이 움직이는가?

유튜브는 어떻게
패러다임의 승자가 됐을까?

공룡 기업의 몰락

2007년 노키아는 세계 휴대폰 시장 점유율 40퍼센트를 기록합니다. 휴대폰 시장 1위를 자랑하며 핀란드 국내총생산(GDP)의 25퍼센트를 차지할 만큼 성공을 거두죠. 하지만 2013년 마이크로소프트에 인수당하는 어이없는 일이 벌어집니다. 21세기 초반 경영계에 벌어진 가장 놀라운 사건입니다.

거대 공룡이 어떻게 단번에 몰락했을까요? 당연히 환경에 대응하지 못했기 때문입니다. 변화에 대한 대응 실패는 어느 생태계를 막론하고 멸종과 멸망의 공통된 원인입니다. 당시 휴대폰은 제조업에 가까웠습니다. 기술의 발달은 휴대폰을 제조업에서 IT 산업으로 바꾸고 있었죠. 시대적 흐름을 읽지 못한 노키아는

2007년 스티브 잡스가 아이폰을 출시하면서 내리막길을 걷습니다. 노키아의 몰락에 대한 수많은 분석이 있지만, 모든 것을 포괄하는 표현은 '패러다임 전환의 희생자'입니다.

패러다임의 교훈

패러다임은 우리에게 익숙한 말입니다. 토머스 쿤이 쓴《과학혁명의 구조》덕분이죠.《과학혁명의 구조》는 과학의 발견이 연속적이 아니라 단절적으로 전개된다고 주장한 책이지만, 한 세계관이 다른 세계관으로 대체된다는 철학적 내용으로 연결되면서 큰 주목을 받았습니다. 과학을 넘어 경영과 철학, 인간의 인식 전반에 걸친 개념으로 확장된 덕분이죠.

토머스 쿤의 주장을 한마디로 요약하면 '그 시대에는 그 시대의 생각이 있다'입니다. 그것이 패러다임이죠. 각 시대에는 그 시대 사람들의 견해와 사고를 결정하는 일반적인 인식 체계 혹은 틀이 있습니다. 대표적인 예가 천동설과 지동설이죠. 프톨레마이오스로 상징되는 천동설은 중세까지 인식 틀입니다. 코페르니쿠스의 지동설은 근대 이후의 패러다임이고요. 그 시대 사람들은 그 인식 틀로 세계를 이해하는 것이 자연스럽고 인간적인 방식이었습니다. 각 패러다임 사이에는 단절이 있죠.

우리는 '어떤 관점'으로 세계를 봅니다. 배우고 경험하고 생각해온 틀이 그것입니다. 이런 관점이 사물을 보는 방식을 결정하고, 그에 따라 사물의 실체가 다르게 결정되죠. 그 관점이 유효하지 않을 때, 문제에 부딪힙니다. 그때가 패러다임의 전환이 일어나는 시점이죠.

토머스 쿤의 이야기를 통해 두 가지 교훈을 얻을 수 있습니다. 하나는 '우리의 인식은 자신이 관찰하는 방식에 따라 결정된다'는 것입니다. 우리는 객관적 진실을 발견하는 것이 아닙니다. 우리는 자신이 보는 방식에 따라 보고, 발견하고 싶은 것을 발견합니다. 우리가 발견한 것은 세계의 다양한 모습 가운데 하나일 뿐이죠.

다른 교훈은 '우리는 자신이 믿는 것을 온 힘을 다해 지키려 한다'는 것입니다. 사람은 옳다고 믿는 것을 거부하면 정체성이 훼손되기 때문에, 웬만해선 자기 관점을 바꾸지 않습니다. 보수가 옳아서 보수를 주장하는 게 아니라, 보수이기에 보수가 옳아야 하는 겁니다. 한번 얻은 패러다임의 힘은 그만큼 강력합니다. 패러다임이 바뀌지 않는 원인, 사람들이 변화에 저항하는 이유가 여기에 있습니다.

패러다임 대체 과정

우리는 패러다임의 교체 과정에 주목해야 합니다. 쿤은 해당 패러다임에서 전개되던 과학적 탐구가 설명할 수 없는 현상에 부딪히다가 새로운 것으로 대체된다고 말합니다. 이는 세 단계로 정리할 수 있습니다.

첫째, 한 패러다임이 주도하는 단계입니다. 여러 견해가 등장해서 세상을 설명하다가 그중 일부 혹은 하나가 정설로 받아들여져 주류가 됩니다. 사람은 다른 사람의 영향을 받기 때문에 대세를 거스르기 어렵습니다. 마침내 그 시대 다수가 따르는 보편적인 생각이 탄생합니다. 한마디로 대세가 되죠.

2000년 전후, 휴대폰 시장은 다양한 폴더 폰이 경쟁하고 있었습니다. 성능이 뛰어난 제품을 저가에 공급하는 것이 중요하다는 인식이 지배적이었죠. 노키아를 비롯해 모토로라, 삼성, 소니 등이 같은 패러다임으로 경쟁했습니다. 모토로라가 앞서다가 노키아가 추월하는 상황이 이어졌습니다. 서로 이기기 위해 다양한 제품을 만들고, 비슷한 홍보 전략을 사용했습니다.

둘째, 이상 현상이 나타나는 단계입니다. 종전의 패러다임으로 설명되지 않는 특이한 발견이 있지만, 별로 눈길을 끌지 못합니다. 낯선 것은 무시되게 마련이니까요. 문제를 파악하기 위해 노력하지만, 대부분 종전의 패러다임으로 분석합니다. 몇몇 과학자가 과거의 패러다임에서 벗어나 새로운 시각으로 문제를 보기 시작하죠.

사람들은 폴더 폰을 넘어 새로운 제품을 기대하고 있었습니다. 노키아도 사람들의 기대를 알았고, 스마트폰 시장이 열리자 누구보다 빨리 그 세계에 뛰어듭니다. 스마트폰 시장은 조금씩 커지고 있었지만, 여전히 폴더 폰이 주류를 차지했고 수익도 컸습니다. 노키아는 폴더 폰의 수익이 주는 꿀을 핥느라 일찍 스마트폰 시장에 진출하고도 사활을 걸지 못하는 결정적인 실수를 범합니다.

셋째, 새로운 패러다임이 주도하는 단계입니다. 과거의 문제 해결 툴이 제 기능을 못 하면서 새로운 패러다임에 관심이 높아지고, 다수가 새로운 패러다임을 받아들입니다.

2013년에 스마트폰이 폴더 폰 수요를 앞지릅니다. 바야흐로 스마트폰의 시대가 열렸죠. 기업은 스마트폰이 자신의 미래임을 인정할 수밖에 없었습니다. 스마트폰이 휴대폰 시장에서 게임의 법칙을 바꿨습니다. 애플이 승승장구했고, 발 빠른 삼성은 연착륙할 수 있었습니다. 안타깝게도 이전 게임의 제왕 노키아와 모토로라는 몰락하고 말았죠.

에피스테메

패러다임이 과학적 사고에 대한 것이라면, 철학에서는 에피스테메(epistēmē)가 거기 해당합니다. 프랑스 철학자 미셸 푸코는 시대마다 사물을 분류하고 지식을 체계화하는 무의식적 전제를 에피스테메라고 불렀습니다. 에피스테메는 같은 시대 사람의 일반적인 지식 체계 혹은 사유 구조입니다.

동시대 사람은 비슷한 사고방식을 공유합니다. 학교에서 배운 것, 언론에서 듣는 것, 경험하는 것이 대동소이하기에 다른 사람과 다른 사고를 하기 어렵습니다. 그들의 생각을 지배하는 근원적인 사유 구조를 알면 왜 그런 생각을 하게 됐는지 이해할 수 있죠. 새로운 인식에 도달하려면 그들의 주장이 아니라 배후에 깔린 가정과 전제를 봐야 합니다.

푸코는 그 사회를 구성하는 사람들이 생산하는 이질의 에피스테메에 따라 증폭되거나 파괴되는 변화가 가능하다고 말합니다. 새 시대의 에피스테메와 패러다임을 감지할 수 있느냐가 문제죠. 내가 갇혀 있고, 인식에 한계가 있음을 아는 것이 그 시작입니다. 사람들이 종전의 패러다임에 익숙할 때, 몇몇 사람은 이상 기류를 감지하고 새로운 바람의 냄새를 맡습니다. 사업을 하는 사람은 돈 냄새를 잘 맡는다고 하죠. 사업가는 촉수가 민감합니다. 사업의 성패에 생존이 달렸기 때문입니다.

플라톤은 철학자가 그 역할을 맡아야 한다고 말합니다. 철학자는 진실을 발견하려고 노력하는 사람이기 때문이죠. 대중이 눈앞에 보이는 것에 빠졌을 때, 철학자는 의문을 품고 그 이면의 것을 찾으려고 시도합니다. 현상에 가려 보이지 않는 실체를 발견하는 것이 철학의 본분이고, 철학자의 사명입니다.

자신의 위치를 알았다면, 자기 생각이 특정한 패러다임에 사로잡혔음을 발견했다면, 이제 새로운 인식을 시도해야 합니다. 사업에 통찰력이 중요한 까닭이 이 때문입니다. 작은 변화나 사소한 정보를 흘려보내지 않고, 얇은 현상에 의지해 보이지 않는 거대한 변화를 읽어내는 힘이 통찰력입니다.

21세기에 인문학이 유행하는 까닭이 뭘까요? 통찰력이 필요하기 때문입니다. 우리가 철학을 공부하는 이유도 이것이죠. 이전 철학자의 생각을 읽으면서 현재를 살피고 생각을 확장합니다. 2000년도 훨씬 전에 살던 플라톤을 공부하고, 까다롭기로 유명한 칸트를 읽고, 니체의 잠언에서 깨달음을 얻으려는 시도가 그것입니다. 이런 경험을 통해 내가 가진 에피스테메와 패러다임을 깨는 틈을 발견할 수 있습니다.

유튜브에서 배운다

공부가 끝이 아닙니다. 진짜 문제는 현실과 나 사이에 있습니다. 아무리 깨달음과 통찰을 얻었다 해도 그것을 시도할 수 있느냐는 다른 문제죠. 사람들은 자신이 감지한 새로운 문제를 외면합니다. 과학자들은 새로운 문제가 등장해도 종전 이론을 이리저리 수정하며 끼워 맞추거나 방법상의 실패로 간주하려 합니다. 이렇게 종전 패러다임에서 벗어나지 않으려는 주류와 대결하는 것이 새로운 패러다임을 감지한 사람의 운명입니다. 그런데 머뭇거리면 어떻게 될까요? 용기 있는 자들이 시장을 선점합니다. "그때 해야 했는데…"라며 후회하겠죠.

토머스 쿤은 패러다임과 패러다임의 단절에 대해 말합니다.

새로운 과학적 진리는 반대자들을 이해시켜서 승리하는 것이 아니라, 반대자들이 죽고 그것에 익숙한 새로운 세대가 등장하기 때문에 승리한다.

죽어야 해결되는 '세대의 문제'라는 겁니다. 책과 영상이라는 에피스테메가 여기에 적합한 듯합니다. 저는 종이 글에 익숙합니다. 스마트폰이나 컴퓨터의 글은 집중력을 발휘하기 어렵습니다. 제 아이들은 책보다 영상에 익숙합니다. 온종일 유튜브만 보라고 해도 볼 겁니다. 부모는 아이에게 유튜브를 못 보게 합니다. 공부에 방해가 된다, 집중력이 흐트러진다, 시간이 낭비된다면서요. 이것이 우리 세대의 에피스테메, 패러다임입니다. 우리는 죽을 때까지 아이에게 유튜브를 보지 말라고 할 겁니다.

저도 영상이 이렇게 강한 매체가 될 줄 몰랐습니다. 유튜브를 소일거리 앱 정도로 생각했습니다. 사람들이 유튜브에서 돈을 번다는 이야기를 들어도 그러려니 했죠. 그러다 최근에야 유튜브 계정을 만들고 동영상을 올리고 있습니다. "그때 해야 했는데…" 전형적인 뒷북입니다.

패러다임을 바꾸기 위해 죽을 순 없습니다. 다른 방법을 찾아야죠. 유튜브에서 힌트를 얻을 수 있을 듯합니다. 유튜브의 성공 비결은 패러다임의 변화를 읽었다는 것입니다. 인터넷과 스마트폰이 광범위하게 보급된 것이 주요 배경이죠. 쉽게 영상을 촬영하고 편집하는 기술도 보편화했습니다. 인간은 읽는 것보다 보는 것을 좋아합니다. 편하고 재미있으니까요. 예전에 만난 신문기자가 한 말이 기억에 남습니다. "이제 신문도 끝입니다. 사람들은 글을 읽지 않고 영상으로 뉴스를 봅니다. 영상이 대세입니다."

유튜브는 시대의 흐름을 읽었고, 영상을 선호하는 사람의 본성에 주목했습니다. 여기에 가장 중요한 카운터펀치를 날립니다. 자신이 올린 영상으로 돈을 벌 수 있죠. 수익을 독점하지 않

고 영상을 올린 사람에게 나눠주는 것이 유튜브의 성공 비결이
자 카운터펀치입니다. 오죽하면 유튜버라는 직업이 생겼을까요.
유튜브는 문자에서 영상으로 변하는 패러다임을 읽고, 사람의
본성에 주목한 덕분에 성공했습니다.

사장과 철학

우리가 발견한 세계는 우리가 믿는 것을 강조한 세계일 뿐입
니다. 우리가 보는 방식이 달라지면 같은 세계의 전혀 다른 측면
이 드러날 겁니다. 패러다임 전환이죠. 그 전환을 간파하는 힘이
철학입니다. 기업이 철학에 요구하는 것도 같은 것이죠.

미국의 작가 데이비드 로즈의 말이 철학의 중요성을 일깨웁
니다.

> "20세기에 성공하도록 만들어진 회사는 21세기에 실패할
> 수밖에 없다."

브랜드를 만드는 카피는
어떻게 만들어졌을까?

사전의 이유

외롭다는 말을 설명하기 위해서 하룻밤을 꼬박 새워본 적이 있다. "그러니까"에서 시작해서 "이를테면"을 거쳐서, "마치 그것은…"을 지나 "비교하자면…" 즈음에 이르렀을 때야 그는 겨우, '외롭다'는 말을 이해했다. 이해하자마자 그는 침대에 누웠고 이내 코를 골았고, 나는 공책을 펼쳤고 '외로움'을 발화한 대가를 치른 간밤을 낱낱이 기록했다.
— 김소연, 《마음사전》

외롭다는 말을 이해시키기가 왜 이리 힘들까요? 흔히 쓰는 말인데 설명하기 어려울 때가 있죠. 말이 통하지 않는다는 느낌이 드는 경우입니다. 이런 일이 생기는 까닭은 분명합니다. '외롭다' 는 단어에 대한 개념이 다르기 때문입니다. '연필' 같은 단어는 오해의 소지가 별로 없습니다. 그것이 '요상함'이라면, '현묘함' 이라면, '거시기'라면 달라지겠죠. 사전이 필요한 이유일 겁니다.

생각은 언어를 통해서 이뤄진다

우리는 창의적으로 생각하라는 요구를 받습니다. 여기서 주목할 것은 두 가지입니다. '창의적'이라는 말과 '생각'이라는 말입니다. 생각은 머릿속에 뭔가 떠올리거나 구상하는 것을 뜻합니다. 생각은 어떻게 가능할까요? 생각은 언어를 통해서 이뤄집니다. 말이 없으면 생각도 없습니다. '그로테스크하다'는 말뜻을 모르면 그로테스크가 뭔지 생각할 수 없습니다. '한성현'이라는 이름을 들으면 뭐가 떠오르시나요? 사람 이름 같기는 한데… 상상하기 힘드시죠? 한성현이 어떻게 생겼는지, 뭘 하는 사람인지 모르기 때문입니다. 한성현은 제 친구입니다. 아실 리가 없죠.

단어는 그에 해당하는 사물이나 현상을 지칭합니다. 그 단어를 모른다는 것은 그 사물이나 현상을 모르는 것과 같습니다. 언어가 없으면 생각할 수 없다는 결론에 도달합니다.

사람은 태어나서 수년이 지나야 제대로 말할 수 있습니다. 그 과정에 끊임없이 새로운 어휘를 배웁니다. 엄마를 배우고, 맘마를 알고, 놀이터의 뜻을 익히죠. 그렇게 민주주의, 이차함수, 미적분, 양자역학 등의 복잡한 개념을 하나씩 이해합니다. 이는 우리가 개념을 익히는 방법이며, 세상을 알아가는 과정입니다. 개념을 이해하지 못하면 그에 해당하는 세계를 알지 못하고, 그것에 대한 사유가 불가능합니다. 언어, 개념이 없으면 사유도 없죠.

언어는 사회적 약속입니다. 하늘을 보고 땅이라고 하면 곤란합니다. 사람들은 내 말을 이해할 수 없고, 심하면 미친놈으로 취급할 겁니다. 약속을 지키지 않으면 미친놈이 되죠. 언어활동은 개념을 약속하고 그 약속 안에서 이뤄집니다. 우리는 만들어진 언어, 어휘 안에서 생각할 수밖에 없습니다. 언어철학에서는 인간이 주인이 아니고, 언어가 주인이라고 말합니다. 언어가 제공하는 대로 생각할 수밖에 없기 때문입니다.

창의는 무의한 개념을 포착하는 것이다

이제 '창의적'이라는 말을 살펴볼까요? 창의적이라는 것은 의미를 새롭게 창조한다는 뜻입니다. 의미를 새롭게 창조하려면 정해진 개념을 다르게 이해하거나 뛰어넘어야 합니다. 정해진 언어의 규칙, 단어의 의미를 지워야죠. 사회적 약속을 깨는 겁니다.

　창의적으로 생각하는 방법은 두 가지가 있습니다. 하나는 새로운 개념을 만들거나 무의미한 개념을 포착하는 것입니다. 우리에게 어휘는 주어진 것, 내가 태어나기 전에 존재하는 개념이죠. 돌멩이, 바람, 건물 같은 어휘는 이미 존재합니다. 왜 이런 이름이 생겼을까요? 사람이 그것을 포착했기 때문입니다. 돌멩이라는 말이 만들어진 것은 돌멩이를 사용할 필요가 있기 때문이죠. 그래야 의사소통할 수 있으니까요. 사물이나 개념에 이름을 붙인 것은 그 사물이나 개념이 필요하다, 그 사물이나 개념을 중요하게 여긴다는 뜻입니다. 중요하지 않은 것은 이름 붙일 필요도 없죠.

　언어학자 소쉬르는 사물이 원래 존재하는 것이 아니라 이름을 붙이면서 만들어진 것이라고 말합니다. 존재하지만 신경 쓰지 않는 사물은 아무 의미가 없습니다. "이별한 후, 존재는 어디든 있으나, 아무 데도 없게 된다"는 김소연 시인의 말처럼 사랑하는 사람과 이별하면 그는 어딘가에 있지만 포착할 수 없기에, 포착되지 않기에 없는 것과 같습니다.

　'하늘이 참 좋다.' 어느 날 하늘을 보고 이런 생각을 합니다. 평소에도 하늘은 있었지만, 그날따라 하늘이 의미 있게 다가옵니다. 그 순간 하늘의 의미는 재탄생하고, 가치가 창출됩니다. 바쁜 일상을 살다가 잊어버린 자연의 숭고함과 경이를 발견하는 순간, 하늘이 가치 있고 의미 있게 새로 태어납니다.

요즘은 신조어가 많습니다. 복세편살은 '복잡한 세상 편하게 살자'의 줄임말입니다. 에어노마드족은 '공기가 깨끗한 곳을 찾아다니는 사람'이죠. 일코노미는 '1인 가구 시대의 경제'를 일컫습니다. 이런 말이 생긴 것은 이런 상황을 우리가 포착했다, 이런 상황이 중요해졌다는 의미입니다.

창조는 살육이다

창의적인 사람은 언어, 개념에 사로잡히지 않습니다. 개념을 뛰어넘죠. 새로운 개념을 만들거나 다른 어휘와 연결을 시도합니다. 니체의 말처럼 '말은 생각의 감옥'입니다. 이 감옥에서 탈출하려면 종전의 개념을 깨고, 잊힌 개념을 되살리고, 다른 개념과 연결해야 합니다. 이때 시적인 태도는 생각을 깨는 데 큰 도움을 줍니다.

> 한 편의 시를 만들기 위해서는,
> 우리는 사랑스러운 것을 살육하지 않으면 안 된다.
> 이는 죽은 자를 되살아나게 하는 단 하나의 길이니,
> 우리는 그 길을 가야만 한다.
> ― 다무라 류이치, 〈4천의 낮과 밤〉

시(詩)는 살육입니다. 종전의 개념을 죽입니다. 우리가 아끼는 마음을 암살합니다. 익숙한 관점을 사살합니다. 아름다운 세계를 독살합니다. 그래야 새로운 개념, 새로운 눈을 얻을 수 있으니까요. 시는 새로운 눈으로 새로운 세계를 노래하는 것이죠. 하나의 개념, 하나의 눈이 있다는 것은 다른 개념, 다른 눈을 죽였다는 뜻입니다. 포착되지 못한, 잊힌 세상은 또 다른 시로 되살아나야 합니다. 그래서 시인은 살육합니다. 살육할 수 없는 시인은 창조할 수 없습니다.

창의성은 연결이다

스티브 잡스의 말처럼 '창의성은 연결'입니다. 무엇과 무엇을 연결하느냐에 따라 전혀 다른 결과가 나오죠. 우리는 은유적 사고에 익숙합니다. 은유는 단정입니다. '이것이 인생이다' '삶은 죽었다'는 식입니다. 단정은 힘이 있습니다. 잘 연결하면 우리를 전혀 다른 곳으로 안내하죠. 사람들을 놀라게 할 수 있습니다.

커피 브랜드 맥심은 '한 잔의 커피, 한 번의 여행'이라는 카피를 사용합니다. 커피 한 잔이 여행일 수 있으니 깊은 맛을 느껴보라는 뜻이죠. 커피를 좋아하는 사람이라면 커피 한 잔이 얼마나 큰 행복을 줄 수 있는지 동감할 겁니다. 커피와 여행을 연결해 잊힌 감성을 끌어냅니다.

손정의 회장은 아이디어를 얻기 위해 '강제 연결법'을 사용합니다. 약 300개 단어를 적은 카드를 상자에 넣고 무작위로 2~3장을 뽑은 뒤, 그 카드에 있는 단어를 강제로 연결하는 것입니다. 전혀 다른 개념을 연결해서 새로운 아이디어를 얻는 방법이죠. 생각은 익숙한 방식으로 작동합니다. 익숙한 방법으로는 새로운 생각을 끌어내기 어려우니, 강제로 낯선 단어와 연결합니다.

사전이라는 단어를 들으면 '단어의 뜻을 알려주는 책'이라는 생각이 떠오릅니다. 액정 화면은 '화면에 전자식 표시를 해주는 것'으로 이해하죠. 음성 신시사이저는 '소리를 전자식으로 인식하고 바꾸는 장치'로 압니다. 액정 화면과 사전을 연결하면 전자사전이 됩니다. 여기에 음성 신시사이저를 연결하면 다국적 번역기가 되겠죠. 손정의 회장은 실제로 이 세 단어를 연결해 다국적 번역기를 만들었고, 1억 엔을 벌었습니다. 그 돈으로 소프트뱅크를 창업하죠.

이런 방법은 작가나 카피라이터에게도 유용합니다. 정해진 주제어나 제품에 전혀 낯선 단어를 연결해봅니다. 아무리 낯선 것이라도 작은 연관성은 찾아낼 수 있습니다. 신통치 않으면 다른 단어를 가져옵니다. 이렇게 몇 번 해보면 '이거다' 싶은 아이디어가 떠오릅니다. 실제로 제가 글을 쓸 때 사용하는 방법입니다. '여행과 지우개의 공통점은 무엇일까?' 생각하면 여행의 다른 의미를 발견하고, 그것을 주제로 글을 쓸 수 있습니다. 여행과 지우개는 뭔가를 지운다는 점에서 같습니다. 여행은 피곤한 일, 머리 아픈 상황, 두려운 미래를 지우는 것과 관련이 있죠. 찌꺼기가 남는 공통점도 있습니다. 여행 후 밀린 일을 처리해야 하고, 신용카드 결제도 해야 하고….

창조는 의미의 재발견이다

창의적으로 생각한다는 것은 그동안 우리가 잊고 지낸 개념을 되살리는 것과 관련이 있습니다. 그것에 이름이 있든, 없든 중요하지 않습니다. 이름이 있다 해도 무시된 것은 의미로 포착되지 못한 것이고, 그것을 되살리면 '창의'가 될 수 있으니까요. 여행사는 여행의 의미를 재발견하려고 합니다. '열심히 일한 당신, 떠나라'라는 말은 노동 후의 여행이 주는 행복을 만끽하라고 자극합니다. 할리데이비슨은 오토바이를 통해 자유와 낭만이라는 가치를 살려내려고 합니다. 나이키는 운동화에 자신감과 활력이라는 이미지를 부여하죠. 나이키를 신고 뛰면 운동이 즐겁고 남다르다는 겁니다.

마흔은 두 번째 스무 살

일본 이세탄백화점의 카피는 마흔이 청춘임을 강조합니다. "우리 백화점에 오시면 마흔도 스무 살처럼 됩니다. 어때요, 우리와 함께 젊어지지 않을래요?" 이렇게 말하는 듯합니다. 사람들은 "생각해보니 그러네. 나 아직 청춘이야"라며 힘을 내겠죠.

지금부터 나는 아무것도 하지 않는다.

제주신라호텔의 카피는 아무것도 하지 않아도 되는 자유를 강조합니다. '우리 호텔에 오시면 아무것도 하지 않는 자유를 얻을 수 있습니다. 호텔에서 모든 것을 해결할 수 있어, 절대 밖으로 나가고 싶지 않을 겁니다'라는 뜻이 담겼죠. 아무것도 하지 않고 쉬고 싶은 사람들의 욕망을 발견하게 합니다.

사업을 하든, 제품을 개발하든, 마케팅에 뛰어들든 사람들이 잊고 있던 의미를 되살리는 것이 중요합니다. 사업이, 제품이, 브랜드가 사람들의 머릿속에 새롭게 각인돼야 합니다. 잊히거나 알지 못하는 의미를 재발견하는 순간, 사람들은 환호합니다. '내가 이걸 잊고 있었구나!' '그래 이거다!' 이런 느낌을 줄 수 있다면 성공한 사업이죠. 그래서 생각을 해야 합니다. '우리가 잊고 지낸 것이 뭘까?' '내가 하는 일은 어떤 의미를 되살릴 수 있을까?' '어떤 카피가 마음을 흔들까?'

내 말의 한계가 내 사업의 한계다

부산역에서 짧은 시가 쓰인 깃발을 봤습니다. 그중 하나가 눈에 들어오더군요.

삶
외로움에 대한 동의

누구나 외롭습니다. 시는 삶이 무엇인지 정의합니다. 은유죠. 개념을 다시 규정하고, 세상을 다르게 정의합니다. 덕분에 외로운 삶에 동의할 수 있을 듯합니다.

비트겐슈타인이 말했습니다.

"내 언어의 한계가 곧 내 세계의 한계다."

저는 이렇게 말하고 싶네요.

"내 말의 한계가 내 사업의 한계다."

성공한 사장들은
어떻게 일할까?

월화수목금금금

창업하는 사람은 고통을 잘 견뎌야 합니다. 미친 듯이 일해야 하기 때문입니다. 창업하고 작은 사무실에서 일주일에 80~100시간 일했습니다. 창업한다면 정말 열심히, 깨어 있는 시간 내내 일해야 합니다. 그럴 자신이 없다면 창업하지 마세요. 취직이 훨씬 편한 길입니다.

— 일론 머스크

테슬라 CEO 일론 머스크는 창업을 권하지 않습니다. 무척 힘든 과정이기 때문입니다. 엄청난 에너지와 시간을 일에 투입해야 합니다. 월화수목금금금이 돼야 합니다. 보통 사람은 할 수 없는 일이죠. 크든 작든 기업을 일군 사람의 이야기를 들어보면 대부분 일에 미쳐 지냈고, 덕분에 성공할 수 있었습니다. 그런데 궁금합니다. 어떻게 하루 17시간을 일에 매진할 수 있었을까요?

노예는 어떻게 주인이 되는가

로마제국은 침략 전쟁으로 영토를 확장했습니다. 고대의 전쟁은 땅을 차지하기 위한 목적도 있었지만, 더 큰 목적은 노예를 얻기 위함이었습니다. 노예노동을 통한 생산이 고대사회의 물적 토대였기 때문이죠. 전쟁에서 승리하면 주인이, 패배하면 노예가 됩니다. 노예는 주인에게 예속돼 그를 섬기며 가혹한 노동에 시달렸습니다.

주인은 노예를 소유하고 명령하며, 그의 노동으로 편하게 먹고 지냅니다. 그런데 점점 이상한 일이 생깁니다. 편안하게 먹고 지내는 주인이 노예가 없으면 아무것도 할 수 없게 된 것입니다. 농사도 노예가 짓고, 음식도 노예가 하고, 잠자리까지 노예가 봐줘야 합니다. 노예가 주인에게 의존하는 것이 아니라, 주인이 노예에게 의존하는 상황이 됐죠.

노예는 강제 노동에 시달리지만, 노동을 통해서 변해갑니다. 자연에서 재료를 얻고, 그것을 가공해 유용한 결과물을 만듭니다. 자신의 노동으로 가치 있는 뭔가를 만들 수 있음을 발견하는 것입니다. 노예는 자신이 힘을 가진 창조적 존재임을 자각합니다. 이제 주인과 노예의 관계가 역전되죠. 주인은 노예가 없으면 아무것도 할 수 없기에, 자기 존재 가치를 얻을 수 없습니다. 노동은 창조적 활동이기에, 노동하는 과정에서 인식력이 높아집니다. 노예는 노동을 통해 주인으로 재탄생합니다. 이것이 헤겔이 말하는 '주인과 노예의 변증법'이죠.

마르크스는 헤겔을 이어받아 한술 더 뜹니다. 마르크스에게 노동은 인간 자체입니다. 인간은 자연의 일부이자, 자연을 가공해서 자연에 영향을 미치는 특별한 존재입니다. 자신이 속한 자연을 노동으로 바꿉니다. 그 과정에서 인간도 변하죠. 우리는 일한 뒤 보람을 느낍니다. 제대로 했기 때문입니다. 자기가 생각해도 잘했을 때 자부심이 들고, 살아 있음을 자각합니다. 그 과정에서 자신의 역량이 커지고, 더 나은 노동의 가능성이 열리죠.

노동이 인간을 만듭니다. 작가가 글을 쓰고, 프로그래머가 코딩하고, 셰프가 고기를 굽는 것은 노동의 결과입니다. 작가, 프로그래머, 셰프는 노동이 만든 것입니다. 노동이 없다면 인간은 동물일 뿐이죠. 노동이 인간을 만든다는 것은 이런 의미입니다.

현대인은 생계유지를 위해 일합니다. 먹고살기 위해 일하다 보니 재미가 없습니다. 힘든 일을 피하려 하고, 어려운 일은 쳐다보고 싶지도 않습니다. 마르크스는 이를 '노동의 소외'라고 표현합니다. 인간이 노동에서 소외됐다는 것입니다. 원인은 자본주의적 생산양식 때문이죠. 노동자는 노동의 결과를 돈으로 받을 뿐, 자신이 노동으로 만든 것을 소유할 수 없습니다. 당연히 자기 일로 생각하기 어렵습니다. 그렇게 우리는 노동에서, 삶에서 점점 멀어지고 있습니다.

성공하는 사람이 일하는 방식

자기중심적인 사람은 다른 사람의 입장을 생각하지 않습니다. 이는 부정적인 의미지만, 긍정적인 면도 있습니다. 자신을 긍정적으로 보기 때문에 다른 사람보다 성공할 가능성이 크다고 생각하는 것입니다. 창업하는 경우 이것은 중요합니다. 기업을 일구는 사람은 대부분 자기중심적 사고를 하기 때문입니다.

스티브 잡스, 빌 게이츠, 워런 버핏, 마크 저커버그는 모두 자기중심적으로 살았습니다. 이들은 자신이 하고 싶은 일을 할 때가 오기까지 기다리지 못합니다. '내가 원하는 일을 하려는데 학교를 언제까지 다녀야 하는 거야?'라는 의문을 품고 학교를 그만둡니다. 관심 없는 과목은 열심히 하지 않고, 좋아하는 과목은 누구보다 열정을 쏟죠. 관심 없는 공부를 하느라 시간을 보내느니, 비디오게임을 하거나 책을 보거나 여행을 합니다. 이런 자기중심성이 엄청난 도전을 하게 만들고, 남들이 생각지도 않은 일에 달려들게 했습니다.

일하는 방식도 자기중심적입니다. 모든 일을 자기통제 아래 진행하고, 생각과 행동도 통제합니다. 통제력을 발휘한다는 생각이 자신감을 불러오고, 그 자신감이 일에 달려들게 하죠. 성공하는 사람은 자기중심적이고, 통제력의 달인입니다.

일론 머스크도 마찬가지입니다. 그는 목표가 크다는 것이 특징이죠. 보통 사람은 생각조차 할 수 없는, 말도 안 되는 목표를 세웁니다. 그는 어린 시절 책과 컴퓨터에 빠져 살았습니다. 하루 10시간 이상 책을 읽었고, 학교와 마을 도서관에 있는 책을 몽땅 읽은 뒤 사서에게 새 책을 주문해달라고 졸랐습니다. 사랑하면 알게 되고, 알면 보입니다. 그때 보이는 것은 예전과 다르죠. 책을 읽으면 남들이 알지 못하는 것을 알고, 예전과 다른 눈으로 세상을 봅니다. 그 눈으로 다시 책을 보고, 인식력이 남달라집니다.

컴퓨터를 접한 뒤에는 프로그래밍언어를 배우고 연습하느라 밤새우는 일이 잦았습니다. 다른 친구들이 좋은 대학에 가는 꿈을 꿀 때, 일론 머스크는 다른 행성에 식민지를 건설하겠다는 목표를 세웠습니다. 그 목표는 여전히 진행형이죠. 테슬라로 자동차 산업의 판도를 완전히 바꾼 그는 이제 화성을 식민지로 삼고, 진공 터널을 지어 지구와 연결하고, 인간의 뇌에 AI를 심으려 합니다. 그는 모험하기를 좋아하고, 자신의 모험이 성공할 수 있다는 확신이 있습니다. 일에 엄청난 시간과 노력을 쏟으면서도 지치지 않고 도전하는 것은 이런 자기중심적 사고 때문입니다.

우리가 경험하는 노동의 소외는 일론 머스크나 스티브 잡스 같은 이들에게 해당하지 않습니다. 그들에게 일은 돈벌이 수단이나 의무 방어가 아닙니다. 자기를 실현하고 삶을 펼치는 과정이죠. 노예노동이 아니라 자신의 힘을 떨치며 삶의 주인이 되는 것입니다.

정장 입고 호떡 굽기

정장을 입고 호떡을 굽는 모습은 어쩐지 어울리지 않아 보입니다. 그런데 정말 그런 사람이 있습니다. 본아이에프 김철호 회장입니다. 지금은 본죽, 본도시락 등 유명 프랜차이즈의 대표지만, 한때 숙대 입구에서 정장을 입고 호떡을 굽는 아저씨였습니다. 왜 정장을 입고 호떡을 구웠을까요?

> 나는 나 자신을 호떡 파는 노점상 아저씨가 아니라 외식 사업가라고 생각하고, 조그만 리어카를 내 사업장이라 여겼다.
> — 김철호, 《정성》

사람은 입는 옷에 따라 마음이 달라집니다. 정장을 입으면 몸이 불편하니 당연히 긴장합니다. 추리닝을 입으면 편하니 마음도 풀어집니다. 잠옷을 입으면 잠이 오고, 예비군복을 입으면 개기고 싶어지죠. 김철호 회장이 정장을 입은 이유는 호떡 하나라도 정성으로 만들겠다는 다짐, 자신을 사업가로 대하는 비전 때문입니다.

그는 일을 사랑하는 점에서 일론 머스크에 뒤지지 않습니다. 밤새워 음식을 연구하고, 새로운 제품을 개발하기 위해 온 마음을 쏟았습니다. 책을 좋아해서 오랫동안 독서를 즐겼는데, 그 습관이 사업을 시작한 뒤 마인드를 관리하고 다양한 사람을 만나는 데 큰 도움이 됐다고 합니다. 그는 전 사원을 대상으로 독서 교육 프로그램을 진행할 만큼 책에 대한 열정이 강합니다. 제가 김 회장을 만난 계기도 독서 교육이죠. 유명 프랜차이즈 대표로 보이지 않을 만큼 수수한 차림에 소탈한 말투였습니다. 어려움을 극복해본 경험과 독서의 힘이 더해져 말솜씨도 훌륭했습니다.

사업은 쉽게 이룰 수 없습니다. 모든 것을 걸어야 가능한 일이죠. 본죽이 성공한 원인은 '정성'입니다. 정성에는 일하는 사람의 마음이 담겨야 합니다. 주방 식구들에게 월급을 5만 원이라도 더 주려 하고, 값싼 중국산 식재료를 쓰지 않고, 고객이 배부르게 먹을 수 있는 양을 제공하는 이유가 여기에 있습니다.

음식점은 못 팔아서 망하지, 고객이 많이 먹어서 망하는
경우는 없다.
— 김철호, 《정성》

정장을 입고 호떡을 굽는 일이 부끄러울 수도 있습니다. 하지
만 일을 사랑하고 정성을 다한다는 철학이 있기에 오히려 자부심
으로 일할 수 있습니다. 일을 사랑하면 주위의 비난이나 눈초리
는 아랑곳하지 않죠. 일이 좋고, 일을 통해 행복을 느끼고 자부심
을 얻기 때문입니다. 성공한 사람은 일에 대한 철학이 있습니다.

요즘은 일을 사랑하라고 하면 시대에 뒤떨어진 생각으로 치부
될지도 모릅니다. 그만큼 노동에 대한 시각이 달라졌습니다. 노
동의 재미와 적극적인 삶의 태도가 '열정 페이'로 폄하되는 시대
니까요. 주식이나 부동산 투자로 큰돈을 벌려는 분위기가 이런
상황을 부추깁니다. 그들은 왜 힘든 일을 그토록 열심히 할까요?
일이 끝났을 때 맛보는 성취감과 자부심, 자신을 위해 살았다는
느낌 때문입니다. 그래서 다시 새로운 일에 도전하죠.

노동으로 노예를 넘어 주인이 될 수 있다는 것, 성공한 사업가
는 누구보다 열심히 일하는 자기중심적 사고를 하는 사람이라는
점을 잊지 말아야 합니다.

일이 삶이다

우리는 돈 걱정 없이 살려고 합니다. 편하고 자유롭게 살기 위해 돈을 벌죠. 일하지 않고 편하게 살면 과연 행복할까요? 일이 없으면 마음을 다스리기 어렵습니다. 뭔가에 집중하지 않고 보람 있는 결과를 얻어낼 방법이 없기에 자존감도 약해집니다. 인격적으로 타락하고, 가지고 있던 능력마저 마모되죠. 일은 단순히 맡은 일을 해내는 것이 아니라, 자신의 내면을 성장시키고 완성하는 과정입니다. 일을 통해 마음을 키우고 자기를 완성하며 인간성이 고양됩니다.

2021년 초 테슬라 주가가 1년 새 829퍼센트 폭등해서 순 자산 1948억 달러(약 213조 원)로 세계 최고 부자가 된 날 아침, 일론 머스크가 트위터에 글을 남겼습니다.

이상하네. 일이나 하러 가자.

2부

성공하는 사업가는

어떤 철학에

집중하는가

Management

Philosophy

철학자와 사업가의 5가지 공통점

철인왕의 등장

철학자가 왕이 돼야 한다.

플라톤은 《국가》에서 철학자가 왕이 돼야 한다고 강조합니다. 왜 철인왕(哲人王)을 주장할까요? 물정 모르는 고리타분한 철학자가 왕이 되면 좌충우돌하고, 국가를 제대로 운영하지 못할 텐데 말입니다. 이유는 간단합니다. 철학자가 지혜를 사랑하는 사람이기 때문입니다. 좋은 세상이 어떤 것인지 탐색하고, 지혜를 발휘해서 그곳을 향해 전진하는 사람이 철학자입니다. 원칙도, 가치관도 없는 사람은 현실과 타협하다가 나라를 망치기 십상이죠. 철학자가 꼭 왕이 돼야 하는 건 아닙니다. 철학자가 왕이 될 수도 있고, 왕이 철학자가 될 수도 있습니다. 리더가 철학이 있어야 한다는 것이 중요합니다.

국가나 조직에 철학이 없다면 어떤 일이 생길까요? 동물적 본능과 사적 이익이 지배하는 곳이 됩니다. 자기 이익을 채우기 위해 패거리를 이루고, 무리의 주장을 관철하기 위해 온갖 작전을 벌입니다. 자기 안위와 욕망 충족이 판치는 곳에서 행복한 미래를 꿈꾸기는 불가능합니다. 회사든 국가든 리더는 철학으로 무장하고, 그 철학의 기치로 자신이 속한 집단을 이끌어야 합니다. 플라톤이 한 말은 이런 의미입니다.

플라톤이 죽고 500년 뒤, 그가 꿈에 그리던 철학자 왕이 등장합니다. 바로 마르쿠스 아우렐리우스입니다. 그는 기울어가는 로마를 구하기 위해 최선을 다한 군주이자, 배움과 사색을 실천한 철학자죠. 위기에 처한 로마는 마르쿠스 아우렐리우스 덕분에 안녕을 누렸습니다. 그를 보면 왕과 철학자가 비슷한 점이 많음을 발견합니다. 왕은 사업가와 크게 다르지 않습니다.

고독

"너의 판단력을 존중하라. 자연이 정연하게 움직이는 것처럼 너의 이성적 판단을 따르라."
— 마르쿠스 아우렐리우스, 《명상록》

철학자는 스스로 생각하는 사람입니다. 군중이 아니라 고독을 좇습니다. 다른 사람은 관심도 없는 주제에 평생을 골몰합니다. 하이데거가 "존재란 무엇인가" 물으면 군중은 머리 아프다고 피하죠. 철학자는 남들이 생각하지 않는 문제를 안고 혼자 답을 찾아가는 고독한 사람입니다.

마르쿠스 아우렐리우스가 황제에 오른 161년, 로마는 기울어가고 있었습니다. 가진 자들의 횡포로 농민들이 땅을 버리면서 빈익빈 부익부가 사회문제로 대두되고, 파르티아의 침략으로 소모적인 전쟁을 치러야 했으며, 페스트가 창궐해 수많은 사람이 죽었습니다. 로마 황제는 부귀영화만 누리는 자리가 아니었습니다. 중대한 의사를 혼자 결정하고, 호시탐탐 노리는 정적과 싸우며 시끄러운 귀족의 요구까지 조절해야 했습니다. 한마디로 골치 아픈 자리입니다. 그가 "너의 판단력을 존중하라"고 스스로 다짐한 것은 이 때문이죠.

사장 의자에는 고독을 견딜 수 있는 사람만이 앉을 수 있습니다. 사원들은 사장과 밥도 먹지 않으려고 합니다. 따르는 듯하지만 언제든 돌아설 준비가 된 사람들로 가득하죠. 혹시나 하고 도와줄 사람을 간절히 찾지만 그런 사람은 없습니다. 그들도 모르기 때문입니다. 사업의 시작과 끝에 관한 모든 의사 결정이 사장에게 달렸습니다. 모든 것이 자기 책임입니다. 엄청난 짐을 지고 사는 사람이 사장이죠. 왕이나 사장에게 고독은 숙명입니다.

통찰

"항상 전체적으로 보라. 모든 것의 원인을 파악하고, 그것이 어디에 있으며, 어떤 목적이 있고, 어떻게 끝나는지 살펴라."

— 마르쿠스 아우렐리우스, 《명상록》

철학자는 통찰을 추구합니다. 감각으로 파악되는 것을 넘어 보편적 법칙을 발견하고, 이성을 발휘해 무질서에 숨은 진리를 찾으려 합니다. 마르쿠스 아우렐리우스는 원인을 추적하고 목적을 발견하기 위해 배우고 분석하고 사색했습니다. 그가 남긴 《명상록》은 하루를 돌아보며 성찰한 일기입니다. 후세 사람들이 《명상록》이라고 이름 붙였죠. 거대한 제국을 이끌 힘이 철학적 통찰에 있음을 《명상록》에서 발견합니다.

사업가에게도 통찰은 중요합니다. 사업은 사람에게 필요한 가치를 발견하고 제공하는 일입니다. 그러자면 사람을 알아야 합니다. 사업가는 사람이 무엇을 원하는지, 왜 원하는지, 어떻게 하면 기뻐하는지 들여다봅니다. 함께하는 사람이 무엇에 감동하고, 무엇에 움직이고, 무엇을 잘하는지 신경 써야 합니다. 일을 왜 하는지, 어떻게 하면 개선되는지, 어디서 문제가 발생하는지 찾아내는 안목도 필요합니다.

세상은 아무런 법칙도 없이 돌아가는 듯 보입니다. 사업가는 이런 혼란스러운 세상에서 패턴을 읽어내고 필요한 일을 일으키는 사람입니다. 어지러운 정보를 걷어내고, 근저에 흐르는 맥락을 살피는 매의 눈이 필요하죠. 사업가에게 통찰은 필수적입니다.

용기

"내일 죽을 사람처럼 행동하고 말하고 생각하라."
"너는 배를 타고 항해를 마쳤으며 이제 항구에 닿았다. 배에서 내려라. 네가 또 다른 삶을 살기 위해 간다면, 거기에도 신들은 반드시 있다."
— 마르쿠스 아우렐리우스, 《명상록》

철학자는 아무도 가보지 않은 곳을 탐험하는 사람입니다. '죽음이란 무엇인가?' '욕망은 어디서 오는가?' '인식에 한계가 있는가?' 의문을 품고 아무도 가보지 못한 세계로 들어섭니다. 아무런 정보도, 도와줄 사람도 없습니다. 혼자 오지를 탐험해야 합니다. 용기야말로 철학자의 필수 덕목입니다.

마르쿠스 아우렐리우스는 일생을 대부분 전쟁터에서 보냈습니다. 이민족과 치른 전쟁에서 영토를 지키고 확장하며 나라를 안정시켰습니다. 주검이 난무하는 전장의 선두에서 지휘했습니다. 거대한 제국의 문제를 해결하려면 개혁이 필수적입니다. 국가 재정이 위기에 처하자 자신이 가진 보석은 물론, 황실 집기까지 팔아서 재원을 마련했습니다. 황제의 모범에 감동한 사람들이 호응했고, 재정난을 이겨낼 수 있었습니다.

사업가도 불확실한 상황에 뛰어들어 새로운 질서를 찾아냅니다. 아무도 가보지 않은 영역에 도전해서 새로운 가치를 만듭니다. 세상은 변하는데 사람과 조직은 머무르려 합니다. 귀찮고 힘들기 때문입니다. 게으른 마음과 정체된 조직의 심장에 새로운 피가 흐르도록 동기를 심고 혼돈을 던져 낯선 곳으로 항해를 시작하는 사람이 사업가입니다. 문제를 해결하기 위해 먼저 나서는 사람, 개척과 개혁의 선두에서 용기를 발휘하는 사람이죠.

철학

> "인생은 전쟁터와 같고, 명성은 허무하다. 우리는 이 세상에 잠시 머물다 갈 뿐이니, 삶에서 유일하게 기댈 곳은 철학이다."
> "각자의 가치는 그가 가치 있게 추구하는 것과 같다."
> — 마르쿠스 아우렐리우스, 《명상록》

철학자는 자기 철학으로 사는 사람입니다. "모든 것을 의심하라"고 한 회의주의자 피론은 달려오는 마차를 보고 정말 마차가 있는지 확인하기 위해 몸을 던졌고, "역사는 발전한다"고 한 마르크스는 역사의 발전을 위한 혁명가가 됐으며, "인간은 자유다"라고 외친 사르트르는 노벨상을 거부하고 레지스탕스에 뛰어들었습니다. 마르쿠스 아우렐리우스는 우주가 이성의 원리에 따라 움직인다고 생각했습니다. 문제를 일으키는 감정을 통제하고 이성으로 세상을 파악하면 마음의 평정을 얻을 수 있다고 믿었죠. 독실한 스토아학파인 그는 자기 철학을 실천하며 살았습니다.

"We're in Business to save our home planet." 우리의 터전인 지구를 되살리기 위해 사업을 한다는 기업이 있습니다. 캐나다에 본사를 둔 파타고니아입니다. 창업주 이본 취나드는 등산을 좋아하는데, 자신이 사용해온 장비들이 환경을 파괴한다는 사실을 발견하고 사랑하는 산과 들을 지키기로 합니다. 친환경 등산 장비를 만드는 일로 시작한 사업이 서핑과 러닝, 자전거와 낚시 등 레저 용품을 판매하는 국제적 기업이 됐습니다. 자연과 교감하고, 환경을 파괴하는 엔진이 없는 '조용한' 스포츠 용품을 공급하죠. 파타고니아는 매출의 1퍼센트를 환경 단체에 지원하고, 온난화 문제와 대결하고 있습니다. 50년 가까이 기업이 유지·확장된 것은 환경 파괴와 대결한다는 기업의 철학을 철저히 실천했기 때문입니다.

절제

> "황제의 지위를 누리며 호화로운 삶에 젖지 않도록 조심하
> 라. 검소하고, 선하고, 순수한 태도로 신을 공경하며 정의
> 와 자비, 상냥함으로 자신의 의무에 충실한 용감한 사람이
> 돼라."
> ― 마르쿠스 아우렐리우스, 《명상록》

철학자의 삶은 단순합니다. 생존에 필요한 것을 마련하는 시간을 제외하면 대부분 자신이 탐구하는 주제에 빠져 지냅니다. 칸트는 새벽 5시에 기상하고, 오전에 강의하고, 오후 3시 반에 산책하고, 밤 10시에 잠들기를 평생 반복했습니다. 자신이 태어난 쾨니히스베르크에서 한 발도 떠나지 않고 지내다 삶을 마감합니다. 그가 산책하는 것을 보고 마을 주민들이 시계를 맞췄다는 일화가 있을 정도죠. 그만큼 철학자는 자신의 연구에 빠져 살았고, 그것을 위해 삶을 단순하게 만들었습니다. 절제된 삶에서 자신이 추구해야 하는 한 가지에 집중했습니다.

마르쿠스 아우렐리우스는 강력한 권력을 가진 황제지만, 철저히 절제된 생활을 했습니다. 따뜻하고 편한 침대를 버리고 차가운 바닥에서 잤습니다. 사람들이 환호하는 검투장 관람도 멀리했죠. 지나친 욕망은 고통을 가져온다는 것을 알기 때문입니다.

감정에 휘둘리면 국가 경영이라는 자신의 의무에 집중할 수 없습니다. 단순한 일상을 유지하며 에너지를 한곳에 집중해, 아무나 할 수 없는 일을 해냈습니다.

현명한 사업가의 삶도 단순합니다. 이리저리 쫓아다니느라 에너지를 빼앗기지 않습니다. 자신이 무엇에 집중해야 하는지 잘 알기 때문입니다. 번잡한 곳을 피하고, 쓸모없는 것을 버리고, 일상을 단순화하는 절제력을 발휘합니다. 절제된 삶으로 사업에 에너지를 집중하죠.

용기, 지혜 그리고 절제

철학자와 사업가는 다른 사람이 가지 않는 낯설고 위험한 곳으로 향합니다. 그래서 용기가 필요하죠. 오랫동안 문제를 붙들고 혼돈 속에 통찰을 찾습니다. 그때 지혜가 필요합니다. 플라톤이 《국가》에서 철인왕의 덕목으로 용기와 지혜를 강조한 이유가 여기 있습니다.

지혜를 얻고 용기를 발휘하려면 자기를 통제하는 노력이 필요합니다. 자기를 통제하려면 내면을 다스리는 힘이 중요한데, 그 내면의 질서가 절제입니다. 절제는 일상을 단순화하고, 다른 사람과 적절한 관계를 맺게 하며, 자신이 집중해야 할 것에 힘을 쏟도록 도와줍니다. 절제가 없다면 지혜를 쌓을 수 없고, 용기를 내기도 어렵습니다. 플라톤은 《국가》에서 소크라테스의 입을 빌려 다음과 같이 말합니다.

> "절제란 일종의 질서로서, 쾌락이나 욕망을 극복하는 것일세. 사람들이 흔히 말하는 극기(克己), 즉 '자기 자신을 이긴다'는 말을 살펴보면 알 수 있네."

사업가는 용기를 품고, 지혜로 무장해, 절제로 진군하는 철학자입니다.

디오게네스에게 배우는
가치 전도의 기술

개처럼 자유롭게

많은 사람이 모인 연회장에서 한 사람이 마치 개를 대하듯 어떤 이를 대하고 그에게 뼈를 던졌다. 연회가 막 끝나갈 때, 뼈를 받은 이가 갑자기 개처럼 네 발로 걸어가더니 자신에게 뼈를 던진 이에게 오줌을 갈겼다.

철학사에서 이런 행동을 할 수 있는 사람은 누구일까요? 번쩍 떠오르는 인물이 있습니다. 고대 그리스 철학자 디오게네스입니다. '개 같은 철학자'로 불리는 견유학파를 대표하는 인물이죠. 소크라테스에게 무소유 정신을 이어받은 안티스테네스의 제자입니다. 디오게네스는 개로 불릴 만큼 기이한 행동을 한 것으로 유명합니다. 길을 가면서 방귀를 뀌는 것은 흔한 일이고, 사람들이 보는 데서 오줌을 누거나 쓰레기를 뒤져 끼니를 해결했습니다. 심지어 광장에서 자위하며 배고픔도 이처럼 쉽게 해결할 수 있으면 좋겠다고 투덜거렸다죠. 그러고 보니 영락없는 개의 모습입니다.

디오게네스는 개처럼 살았지만, 철학사에 이름을 남겼습니다. 누구보다 재치와 위트에 능했고, 자신을 공격하는 사람들에게 현란한 말솜씨로 한 방 먹이곤 했습니다. 특히 자유롭게 사는 방법에 대해 큰 깨우침을 남겼습니다.

디오게네스가 보기에 아테네 사람들은 자유를 추구한다면서 관습과 제도에 속박돼 살았습니다. 자유니, 평화니, 행복이니 말하지만 정작 그렇게 살지 못했죠. 남의 눈치를 보며 행복할 조건이 충족되기를 기다리는 우리 모습과 크게 다르지 않습니다. 그의 가르침은 원하는 것이 있으면 즉시 누리라는 것이었습니다. 배고프면 지금 먹고, 싸고 싶으면 여기서 싸는 것이 자유롭게 사는 방법이라는 말이죠. 단순하지만 강한 메시지입니다.

무엇에도 속박되기를 거부한 디오게네스는 자유를 위해 세속적인 것을 버립니다. 술통에서 자고, 옷 대신 망토를 두르고 다녔으며, 음식은 얻어먹거나 주워 먹었습니다. 필요한 것이 적을수록 다른 사람의 눈치를 보지 않아도 되고, 욕망의 구속도 덜 받는다는 걸 알았기 때문이죠. 쥐가 잘 곳을 찾지 않고, 어둠을 두려

위하지 않으며, 자유롭게 돌아다니는 것을 보고 자기 삶의 방식을 찾았다는 이야기도 있습니다. 거지나 개 같은 디오게네스의 삶은 무척 자유로웠습니다.

설득의 기술

설득은 사람을 바꾸는 방법으로 가장 많이 사용됩니다. 논리적으로 이유를 들어가면서 상대의 마음을 바꾸려고 합니다. 하지만 설득은 대부분 실패합니다. 설득하려고 할수록 설득이 안 되기 때문이죠. 우리는 상대방에게 설득될 때 졌다는 생각이 듭니다. 그래서 상대방이 아무리 훌륭한 논리를 제시해도 절대 받아들이지 않습니다. 논리보다 감정이 앞서는 것이 사람이니까요. 설득하려고 할수록 설득이 안 되는 것을 '설득의 역설'이라고 합니다. 설득이 안 되면 권위나 힘으로 강요하는 방법도 있습니다. 쉽지 않지만, 그 힘이 아주 강하다면 해볼 만하죠. 물론 마음까지 바꾸긴 어렵습니다.

설득하는 또 다른 방법은 충격 주기입니다. 철학이 그 역할을 합니다. 이전과 다른 생각을 하도록 선동하죠. 우리에게 이름이 알려진 철학자들은 종전의 생각을 뒤엎는 충격을 준 사람입니다. 사람은 충격받을 때 변합니다. 이때 충격을 주는 방법은 조금씩 다릅니다. 어떤 사람은 의심으로, 어떤 사람은 논리로, 어떤 사람은 상상력으로 자기 철학을 펼쳤습니다. 디오게네스는 어떤 방법을 사용했을까요? 바로 도발적 행동입니다. 관습에 얽매이지 않는 자유로운 삶을 실천하면서, 자신을 비웃은 이들에게 재치 있는 역공으로 충격을 줬습니다.

위트가 담긴 냉소와 도발은 디오게네스의 전매특허입니다. 상식을 깨는 도발은 가치관에 충격을 주고, 변화를 끌어냅니다. 그는 가치가 높은 것은 낮추고, 낮은 것은 높이는 도발의 기술을 사용합니다. 한마디로 가치 전도죠.

칼리스테네스는 알렉산드로스대왕을 재래한 아킬레우스라고 칭송하며 그의 밑에서 관직 생활을 했습니다. 사람들은 칼리스테네스가 호화롭게 지내는 것을 부러워했습니다. 이런 사람들의 이야기를 들은 디오게네스는 말합니다. "점심도, 저녁도 알렉산드로스가 적당하다고 생각한 때밖에 먹지 못하다니 얼마나 불행한 사람인가!"

식사 시간도 자유롭게 정하지 못하면서 높은 관직에 있는 것이 무슨 소용이 있냐는 지적입니다. 디오게네스다운 역설이죠. 그는 권력과 부의 가치를 낮추고, 자유로운 삶의 가치를 높입니다. 이런 가치 전도는 《이솝 우화》에서도 찾아볼 수 있습니다. 배고픈 늑대가 주인의 밥을 얻어먹는 개를 부러워하다가, 목줄을 보고 경멸하는 눈길을 보내는 장면입니다.

플라톤은 디오게네스와 앙숙이었습니다. 하루는 플라톤이 길을 가다가 남들이 버린 채소를 씻어서 먹는 디오게네스를 발견합니다. 조용히 다가가 미소를 지으며 말했죠.
"자네가 디오니시오스에게 봉사할 줄 안다면 버린 채소 따위를 씻어 먹지 않아도 될 텐데."
디오니시오스는 시라쿠사를 지배한 참주입니다. 권력자에게 아부할 줄 알면 좋은 음식을 먹을 수 있다는 말이죠. 그러자 디오게네스가 플라톤에게 말합니다.
"그대가 채소를 씻어 먹을 수 있다면 디오니시오스의 눈치를 보지 않아도 될 텐데."

가치 전도는 충격을 줍니다. 당연하게 여기던 것이 무참하게 깨지는 경험을 하기 때문입니다. 자신이 무시하던 반대쪽 가치가 떠오릅니다. 가치 전도가 가치 발견으로 이어지는 것입니다. 이런 능력을 어떻게 얻을 수 있을까요? 세상 모든 일에 양면이 있다는 것을 기억해야 합니다.
'돈이 많으면 좋지만, 없으면 자유롭다.'
'친구가 많으면 외롭지 않고, 없으면 자유롭다.'

'TV가 있으면 드라마를 볼 수 있고, 없으면 책을 볼 수 있다.'

'긴 머리는 예쁘고, 짧은 머리는 편하다.'

이렇게 상황의 양면을 볼 때 가치 전도가 가능합니다. 철학은 이선의 가치를 의심하기 때문에 가치 전도를 내포하죠.

가치 전도의 실용성

기업은 새로운 생각, 창의적 아이디어가 필요합니다. 디오게네스의 가치 전도 철학은 실제적인 유용성을 제공합니다. 사람들이 중요하게 여기는 가치를 찾는 것이 그 시작입니다. 고객의 니즈를 파악하고, 그 가치와 니즈를 뒤집으면 됩니다.

사람들이 돈을 추구하면 돈을 가치 없는 것으로 깎아내립니다. 여행을 추구하면 여행을, 친구를 원하면 친구를, 고급 승용차를 원하면 고급 승용차의 가치를 낮춥니다. 대신 띄울 뭔가를 찾아야 합니다. 돈 대신 자유를, 여행의 고단함 대신 방구석의 편안함을, 친구의 수다 대신 음악의 낭만을, 고급 승용차의 버거움 대신 경차의 부담 없음을 강조하는 거죠. 사람들이 하찮게 여기는 가치를 부각할 때 충격을 줄 수 있습니다.

함께 일하는 분이 경차를 타고 다닙니다. 어느 날 이런 말을 했습니다. "경차를 타고 다니면서도 쪽팔리지 않은 사람은 자기 철학이 있는 사람입니다." 문제는 반대되는 가치를 발견했다 해도 그것을 드러내기가 쉽지 않다는 점입니다. '그래도 될까?' '사람들이 좋아할까?' 눈치를 보기 때문입니다.

알렉산드로스대왕이 디오게네스를 찾아가 "나는 대왕 알렉산드로스다"라고 밝힙니다. 그러자 디오게네스가 "나는 개인 디오게네스다"라고 답합니다. 그의 대답에는 "너는 대왕이고 나는 개인인데 그게 뭐, 어째서?"라는 당당함이 있습니다. 그만큼 자신 있다는 거죠. 사람들이 그가 더러운 곳에서 뒹굴고 있다고 비난하자, "태양은 화장실 안에 들어가지만 더러워지지 않는다"고 받아쳤다는 이야기도 있습니다.

이런 자신감은 어디서 나올까요? '나는 모른다. 다른 사람들도 모른다'는 무지의 자각에서 옵니다. 그는 아인슈타인을 만나도 기죽지 않고 "상대성이론? 그게 뭐, 내 인생하고 무슨 상관이야?"라고 할 사람입니다. 우주의 비밀이라도 아는 듯 말하지만, 우리가 아는 것은 우주의 먼지에도 미치지 못하죠. 그걸 인식한다면 어떤 이론이나 영웅 앞에서도 당당할 수 있습니다. 그래서 그의 삶은 가볍습니다. 먼지 같은 가벼움이 그의 무기입니다.

가벼움은 참을 수 없는 비참함을 견디게 할 뿐 아니라, 즐거움도 선사합니다. 명예가 없는 사람에게는 추락의 두려움도 없는 법이니까요. 잃을 것이 없는 사람은 실패가 두렵지 않습니다. 성공해야 한다는 부담이 없으면 오늘을 즐길 수 있습니다.

혁명을 하려면 웃고 즐기며 하라

소름 끼치도록 심각하게는 하지 마라

너무 진지하게도 하지 마라

그저 재미로 하라

— D. H. 로렌스, 〈제대로 된 혁명〉

세상을 무겁게 살아야 할 이유는 없습니다. 마음이 무거울수록 생각은 딱딱해집니다. 가볍게 웃으며 즐길 때 생각이 유연해지고 일도 잘 풀립니다. 디오게네스는 철학이 꼭 진지할 필요가 없음을 알려줍니다. 무거움이 철학의 논리를 벼리게 한다면, 가벼움은 논리를 넘어서는 상상력의 날개를 달아주니까요.

바로 간다, 돌아가지 않고. 디오게네스의 도발 철학이 신선하고 통쾌한 것은 돌려 말하지 않기 때문입니다. 이런 걸 '훅 들어간다'고 하죠. 그의 무덤에 친구들이 시구를 새겨놓았습니다.

그대의 영예는 영원히 썩지 않으리.

그대만이 홀로 죽어갈 자들에게 자족하는 방법과

가장 쉬운 삶의 길을 가르쳤으니.

욕망 철학에서 배우는
자기 긍정의 힘

변화의 동력, 결핍

> 못 배우고 병약하고 가난한 집에서 태어난 것이 나의 가장
> 큰 행복이다.
> ― 마쓰시타 고노스케

마쓰시타 고노스케는 일본에서 '경영의 신'으로 불리는 사람입니다. 그는 왜 못 배우고 병약하고 가난한 집에서 태어난 것이 가장 큰 행복이라고 말할까요? 헝그리 정신 때문일 겁니다. 배우지 못했기에 배움의 소중함을 압니다. 병약했기에 건강의 중요성을 깨닫습니다. 가난했기에 부자가 되기 위해 노력할 수 있습니다. 자신이 부족한 상태, 결핍된 상태임을 알기에 그것을 채우

려고 노력하죠.

인간의 역사는 결핍을 채우기 위한 과정이라 해도 지나치지 않습니다. 주린 배를 채우기 위해 사냥하고, 추위를 이기기 위해 집을 마련했습니다. 맹수에게서 자신을 지키기 위해 창을 만들었죠. 그렇게 인간은 동물의 상태에서 지금과 같은 모습으로 진화했습니다.

결핍은 여전히 삶의 원동력입니다. 두려움을 이기기 위해 용기를 키우고, 모른다는 것을 알기에 책을 읽고, 남들보다 부족함을 알기에 몇 배 더 노력합니다. 마쓰시타 고노스케가 한 말을 요약하면 '결핍은 성공의 어머니'입니다. 실제로 성공한 경영자는 누구보다 결핍이 컸고, 그것을 채우기 위해 노력했습니다.

소프트뱅크 손정의 회장은 중증 만성간염으로 26세부터 3년 동안 병원 신세를 졌습니다. 그때 읽은 책이 무려 4000여 권이죠. 그 책들을 읽고 아이디어를 얻어 설립한 회사가 소프트뱅크입니다. 어떻게 3년 동안 4000여 권을 읽을 수 있었을까요? 결핍입니다. 자신이 부족함을 알기에 노력했고, 그런 열정이 엄청난 독서로 이어졌습니다. 독서광은 결핍 덩어리라고 할 수 있습니다. "네가 모른다는 사실을 알라"는 소크라테스의 말도 "네 결핍을 알라"는 의미겠죠.

탄탈로스와 욕망

결핍은 열정을 낳습니다. 열정은 욕망입니다. 뭔가 이루려는 마음의 불덩이가 욕망이죠. 철학자들은 욕망의 문제를 어떻게 생각했을까요? 두 가지 견해가 있습니다. 하나는 욕망이 삶을 괴롭게 만드는 원인이므로 제거하거나 최소한으로 통제해야 한다는 것이고, 다른 하나는 욕망이 생명의 근원이자 삶을 생동감 넘치게 만드는 힘이므로 긍정해야 한다는 것입니다. 근대까지 철학자들은 욕망을 부정적으로 봤습니다. 욕망은 많은 삶의 문제를 일으키기 때문에 이성으로 통제해야 한다는 거죠.

그리스신화에 나오는 탄탈로스는 최하층의 감옥 타르타로스에서 갈증이 폭발하는 형벌을 받습니다. 과일과 물이 입에 닿을 듯 가까이 있지만, 결코 먹거나 마실 수 없는 것이 그에게 내려진 형벌입니다. 과일을 먹으려고 고개를 들면 바람이 불어 멀어지고, 물을 마시려고 고개를 숙이면 물이 빠지면서 바닥을 드러냈습니다. '애타게 하다'라는 뜻이 있는 영어 단어 tantalize는 그의 이름에서 유래했습니다. 목마름은 인간의 결핍입니다. 인간은 갈증을 채우려고 애쓰지만 채울 수 없습니다. 물을 마실 수 있다 해도 갈증은 또다시 찾아옵니다.

서양철학의 전통은 욕망에 부정적입니다. 스토아학파가 대표적이죠. 스토아학파의 시조라고 할 수 있는 제논은 우주가 이성적 질서에 따라 움직인다고 생각했습니다. 인간도 이성이 있기에 우주의 움직임처럼 이성에 따라 살아야 한다고 믿었죠. 행복을 위해선 욕망을 통제하고 지성을 훈련해 엄격한 생활을 해야 합니다. 자신의 역할에 최선을 다하면서 금욕적 삶을 통해 마음의 평정을 얻으라는 것입니다.

감성은 감각에 의존합니다. 감각은 더 많은 것을 원합니다. 식욕은 배가 부를 때까지 먹는 행위를 멈추지 않으려 합니다. 제가 음악을 좋아해서 헤드폰을 수시로 바꿉니다. 그때마다 '귀가 요물'이라는 생각을 하지만 멈출 수가 없습니다. 감각의 요구에 순응하다가는 끝없는 욕망의 굴레에서 벗어날 수 없죠. 이런 망아지 같은 감성을 통제하는 것이 이성입니다. 감성을 이성으로 통제할 때, 고통을 줄이고 균형 잡힌 삶을 살 수 있습니다.

이런 전통은 중세의 그리스도교와 데카르트 같은 근대 합리론으로 이어지면서 서양철학의 주류를 형성합니다. 인간의 욕망은 통제해야 하는 부정적인 것으로 이해했죠. 욕망에 대한 부정은 불교에서 정점에 달합니다. 인간의 삶은 고통으로 가득한데, 그 원인이 집착과 욕망이라고 보기 때문입니다. 그 욕망의 사슬을 끊는 것이 해탈이죠.

네 욕망을 긍정하라

욕망을 부정하거나 통제하려는 철학에 일갈하는 철학자가 니체입니다. 그의 철학은 "네 욕망을 긍정하라"는 말로 정리할 수 있습니다. 니체의 세계관은 '힘에의 의지'라는 말이 대변합니다. 세상 모든 것은 힘입니다. 세계는 '시작도 끝도 없는 거대한 힘의 바다, 스스로 움직여 새롭게 변이하는 창조적 공간'입니다. 생명도 마찬가지죠. 생명은 살아 있습니다. 살아 있는 것은 자기 힘을 발휘하려 합니다.

우리가 목표를 세우고 노력하는 것은 자기실현을 위해서입니다. 자기 힘을 세상에 떨치고 영향을 미치면서 확장하려는 시도입니다. 부자가 되려는 사람, 높은 지위에 오르려는 사람도 같은 맥락에서 이해할 수 있습니다. 고통을 느끼는 것은 그 힘이 좌절되기 때문이죠. 인간은 힘에의 의지가 있고, 이를 추구하는 것은 자연스러운 생명 작용입니다. 그 힘의 의지가 욕망이죠.

니체에게 욕망은 결핍이 아니라 충만입니다. 자기 방식대로, 자기 생각대로 살기 위해 역동하는 힘이죠. 니체가 욕망을 긍정하는 이유가 여기 있습니다.

지금은 감성 시대

감성적이고 비물질적인 요소가 상품을 선택하고 구매하는 소비자의 행태에 더 많은 영향력을 행사하기 전에 결단을 내려야 한다. 미래의 상품은 이성이 아니라 우리의 감성에 호소할 수 있어야 한다.

— 롤프 옌센, 《미래 경영의 지배자들》

롤프 옌센은 미래 사회는 감성이 지배하는 '드림 소사이어티'가 될 것으로 예상합니다. 상품의 성능보다 거기에 담긴 감성이 중요하다는 겁니다. 이미지와 이야기가 그 감성을 대표합니다. 이제 기업을 경영하는 사람은 자신의 상품과 서비스에 감성적 가치를 덧붙일 수 있어야 합니다. 이런 현상은 실제로 일어나고 있을 뿐만 아니라, 대세입니다.

기능이 이성이라면, 디자인은 감성입니다. 스마트폰, 자동차, 카페, 청소기까지 감성이 강조됩니다. 이성이 지배하던 시대가 저물면서 감성의 시대가 활짝 열렸습니다. 광고만 해도 기능이나 성능을 내세우지 않습니다. 사람들이 제품의 쓸모가 아니라 자신의 감성을 만족시키는 가치를 구매하기 때문입니다. 느낌, 이야기, 뿌듯함 같은 감성적 요소가 마음을 움직이죠. 아이폰은 성능이 아니라 그것이 가진 감성 때문에 재구매율이 높습니다.

감성의 시대에는 욕망을 다시 봐야 합니다. 억제하고 통제해야 할 대상이 아니라, 긍정하고 활용할 수 있는 힘으로 재인식해야 합니다. 인간은 자신이 동물과 다른 점이 이성임을 오랫동안 강조하면서 이성의 힘을 키워왔습니다. 덕분에 놀라운 문명을 이뤘습니다. 그러는 동안 우리가 동물이라는 사실을 잊고 있었죠.

동물은 감각적으로 움직입니다. 새들은 미세한 바람의 떨림으로 멀리 떨어진 위험을 감지합니다. 벌이나 개미는 1킬로미터 밖의 진동을 감지하고 움직입니다. 개는 인간이 맡을 수 없는 냄새에 킁킁거립니다. 동물의 감각은 인간보다 훨씬 뛰어납니다.

인간이 자랑하는 이성은 감각보다 느립니다. 속도가 중요한 시대에 이성은 시간을 잡아먹습니다. 평소에는 문제가 없지만, 위급할 때는 장애 요인이 될 수 있습니다. 위험한 순간, 논리가 아니라 감각에 따라 움직여야 합니다. 낌새를 알아챘을 때 잽싸게 튀는 편이 생존에 훨씬 유리하죠. 위험 앞에서 이성적으로 따지고 계산하면 어떻게 될까요? 그는 이미 죽은 사람입니다.

경영 환경이 급변하는 21세기는 감성이 우선일 수밖에 없습니다. 따지기 전에 움직여야 합니다. 따지고 계산하는 순간 이미 늦습니다. 그래서 동물적 감각이 중요해졌습니다. 원시시대에 인간은 동물과 비슷한 감각이 있었다고 합니다. 농경 사회가 열리고 정착하고, 도시 생활에 익숙해지면서 동물적 감각이 퇴화하고 말았습니다. 감각은 자연에서 멀어질수록 사용가치가 떨어집니다. 몽골의 평원에 사는 사람이 도시인보다 훨씬 시력이 좋은 까닭이 여기 있죠.

욕망을 다시 본다

욕망의 긍정은 두 가지 의미가 있습니다. 첫째, 자기 욕망의 긍정입니다. 우리 사회는 여전히 '이걸 하면 안전하고, 저걸 하면 성공한다'는 메시지가 지배합니다. 이 메시지를 따라가면 그럭저럭 살아갈 수 있을지 몰라도 별 재미는 없을 겁니다. 그 길에는 경쟁자가 많죠. 반면 자기 욕망을 긍정하고 따라가면 내가 하고 싶은 놀이 같은 일이 기다립니다. 그곳에는 위협적인 경쟁자도 많지 않습니다. 낯설고 위험하다고 생각하기 때문에 다들 피하죠.

둘째, 타자의 욕망을 읽는 힘입니다. 인간은 비슷합니다. 아름다운 것을 보면 멈춰 서고, 뛰어난 것을 보면 환호하고, 감동적인 것을 보면 눈물 흘리죠. 인간의 보편적 감성입니다. 내 감성과 욕망을 통해 인간을 봐야 합니다. 인간을 알면 그들이 무엇을 원하고, 어떤 일에 감동하고, 어느 때 지갑을 여는지 알 수 있습니다. 인간을 아는 방법의 핵심은 나를 아는 것입니다. 내 욕망이 그들의 욕망과 다르지 않기 때문이죠.

우리처럼 되기

결핍은 성공의 에너지원입니다. 사회적으로 성공한 사람을 보면 자신의 결핍을 극복하기 위해 누구보다 많이 노력한 것을 알 수 있습니다. 넉넉한 집에서 부족한 것 없이 자랐다면 크게 성공하지 못했을 겁니다. '이거 아니면 안 된다'는 절박함이 남들이 보지 못하는 것을 보고, 가지 않는 곳에 가고, 하지 않는 일에 도전하게 합니다. 그런 점에서 결핍의 욕망은 강렬합니다. 저돌적입니다. 악착같습니다. 하지만 성급할 수 있습니다. 문제를 일으킬 수도 있죠. 여러모로 서툴고 진지합니다.

충만한 욕망은 가볍습니다. 재치 있습니다. '내 맘대로 할 거야. 그게 어때서? 재미있잖아!' 이런 식입니다. 여유도 있습니다. 유연하고 창의적이죠.

인간은 이성적이지 않습니다. 이성적이라고 믿을 뿐입니다. 우리는 괜히, 끌려서, 우울해서, 예뻐서 물건을 사고 그 이유를 만들어냅니다. 우리는 인간이기 전에 동물이고, 지금은 감성의 시대입니다. 결핍의 헝그리 정신을 잃지 않고, 감성과 직관의 힘을 활용한 스티브 잡스는 말했죠.

"우리는 우리처럼 되기를 원할 뿐이다."

마르쿠스 아우렐리우스에게 배우는
실패를 성공으로 만드는 전략

예상치 못한 일

마르쿠스 아우렐리우스는 위기에 처한 로마를 슬기롭게 다스렸습니다. 덕분에 원로원에서 '국가의 아버지'라는 칭호를 받았죠. 그의 통치 말기에 아끼던 친구이자 장군인 시리아의 총독 카시우스가 반란을 일으킵니다. 마르쿠스 아우렐리우스에게는 충격적인 일이었습니다. 믿는 도끼에 발등을 찍혔으니까요. 예상치 못한 일이 생겼을 때 반응을 보면 정신적 성숙도를 알 수 있습니다. 그 반응 방식에 따라 일의 성패가 좌우되기도 하죠.

스토아학파의 창시자 제논은 키프로스 출신 장사꾼이었습니다. 어느 날 염료를 싣고 가다가 난파하는 바람에 전 재산을 날리고 아테네에 도착합니다. 그곳에서 견유학파 크라테스를 만나 제자가 되죠. 그리고 자신이 탄 배가 난파한 것을 두고 "나를 철학 쪽으로 내몰다니 운명은 참으로 친절하다"며 유익하게 여겼습니다. 역경을 받아들이는 스토아학파의 모습은 제논의 이런 태도에서 큰 영향을 받았죠.

자유와 행복에 이르는 스토아철학

세상에서 일어나는 일은 내 의지와 상관없습니다. 운명의 신만 알 뿐, 내가 통제할 수 있는 일이 아니죠. 그러니 생각을 세상일에 맞춰선 안 됩니다. 그것에 반응하는 순간, 감정에 휘말리고 내면의 중심을 놓칩니다. 철학적 훈련이 부족한 사람은 운명의 신이 일으키는 사건에 반응하기 쉽습니다. 같이 일하는 사람을 비난하고, 아이들을 야단치고, 외부에서 만들어놓은 충족할 수 없는 욕망에 사로잡히죠.

철학을 통해 내가 할 수 있는 것과 없는 것을 명확히 가려내야 합니다. 내가 마음대로 할 수 있는 것은 외부에서 일어나는 일이 아니라, 내 의지와 생각과 태도입니다. 내일 비가 오는 것은 어쩔 수 없지만, 화를 낼지 즐거워할지는 내 자유죠. 직장 동료를 선택하기는 어렵지만, 그를 어떻게 대할지 선택할 수 있습니다. 세상에서 일어나는 일은 우리 소관이 아니지만, 그것에 대한 반응과 태도는 우리에게 달렸습니다.

자유로운 삶은 감정에 구속되지 않습니다. 고차원적인 가치와 목표에 자신을 맞출 때 자유와 충만을 경험합니다. 내가 되고자 하는 것에 마음을 고정하고, 최고의 가치에 생각을 집중해야 합니다. 나다운 것을 선택하고 그것을 위해 행동하라는 말입니다. 그것이 내가 이 땅에 태어난 이유이자 삶의 의미입니다. 나에게 맞는 일을 위해 명예를 지키고 의무를 다하면 어떤 곳이든 좋은 곳이 되죠.

이때 다른 사람의 생각이나 세속적인 것에 마음을 쏟지 않도록 조심해야 합니다. 대중의 의견에 따르면 내면의 중심을 잃기 쉽습니다. 대중의 의견에 따르는 대신, 더 훌륭한 사람을 찾아서 만나야 합니다. 그들은 나를 고양하고 성장시키며 좋은 사람이 되게 합니다. 이야기를 나눌 때 더 가치 있고 훌륭한 것에 초점을 맞추게 하고, 열성을 다해 그것을 하도록 고무하는 사람이 나에게 필요한 사람입니다.

특별한 존재가 되겠다고 결심하고 필요한 일을 하면 나와 비슷한 사람을 만날 것입니다. 서로의 자유와 행복을 돌보는 사람이 있는 삶은 행복할 수밖에 없습니다. 이것이 스토아학파가 말하는 좋은 삶의 방법입니다.

위기를 기회로

마르쿠스 아우렐리우스는 반란에도 태연했습니다. 예측했다는 듯 무심하게 카시우스의 반응을 기다리며 군사들의 동요를 가라앉힙니다. 카시우스가 군대를 움직이자, 그도 군대를 출동시킵니다. 카시우스에게 잘못을 바로잡을 기회를 주겠다며 최대한 사로잡아 데려오라고 명령하죠. 카시우스는 황제가 죽었다는 오보를 듣고 반란을 일으켰습니다. 사실을 알았을 때는 이미 늦었죠. 얼마 후 카시우스는 부하들이 보낸 자객에게 죽음을 당합니다. 황제가 의연하게 대처하자, 반란군의 사기가 꺾이고 내분이 생긴 것입니다.

스토아철학으로 무장한 마르쿠스 아우렐리우스는 반란에도 의연했습니다. 큰 실패에 직면하거나 믿었던 사람에게 배신을 당하면 좌절감과 충격으로 판단력이 떨어지기 쉽습니다. 철학적 훈련이 된 사람은 외적인 사건에 반응하지 않고 평정심을 지킬 수 있죠. 스토아철학에서는 "인생에는 얻는 것도 없고 잃는 것도 없다"고 말합니다. 삶은 잠시 떠나온 것이고, 죽으면 곧 돌아갈 것이기 때문입니다. 사랑하는 사람이 죽어도 "왔던 곳으로 돌아갔다"며 내적 평화를 지키려고 노력했습니다.

이런 태도는 삶의 위기를 기회로 만드는 극적인 효과를 가져옵니다. 위기에 반응하는 태도로 성장과 발전의 기회를 만드는 것입니다. 사건이 일어났을 때 곧장 대응하지 말고 자신의 내면을 들여다본 뒤, 이런 상황에 어떤 대처가 현명하고 바람직하며 자신다운지 물어야 합니다. 그러면 자신이 지키는 내면의 원칙을 바탕으로 다양한 자원을 활용할 수 있습니다.

카시우스의 반란이 진압된 후, 반란에 동조한 자를 처형하라는 원로들의 요구가 빗발칩니다. 황제는 반란에 동조한 원로와 총독을 한 명도 처벌하지 않았습니다. 그들에게 올바른 삶을 선택할 기회를 주기 위해서죠. 내가 이성에 따라 충실히 살 듯이, 그들도 그럴 것이라는 믿음이 있었기 때문입니다.

용서의 이유

조조는 당시 화북 일대를 주름잡고 있는 원소와 대결을 벌입니다. 관도대전이라고 알려진 이 싸움은 적벽대전, 이릉전투와 함께《삼국지》의 3대 대전으로 불렸죠. 조조는 화공으로 적의 식량 기지를 격파한 뒤, 부하들이 원소와 내통한 사실을 알게 됩니다. 원소의 궁궐에서 비밀 편지를 발견한 덕분이죠. 배신자를 죽여야 한다는 목소리가 높았지만, 조조는 그 편지를 읽지도 않고 태워버립니다.

"내가 그들이었다 해도 세력이 강한 원소에게 양다리를 걸쳤을 것이다. 이제 원소가 죽었으니 나에게 충성을 다하라."

덕분에 조조는 능력 있는 신하를 죽이지 않고 충신으로 만들었습니다.

스토아철학은 다른 사람이 나쁜 짓을 해도 용서하고 또 용서하라고 합니다. 사람은 누구나 실수할 수 있기 때문입니다. 게다가 그 사람의 사연을 모두 알 순 없습니다. 그에게는 그럴 만한 이유가 있을 수 있죠. '진상' 고객이라도 나름대로 이유가 있을 수 있습니다. 판단을 유보하고 나쁜 짓을 하더라도 용서하고 용서할 때 마음의 평정과 평화를 누릴 수 있습니다. 그것에 반응하면 상대방에게 내 감정의 통제권을 넘겨줄 뿐입니다.

내가 이성이 있는 인간인 만큼 상대방도 존엄한 존재입니다. 로마가 거대 제국으로 성장하면서 다른 민족의 문화나 제도를 인정하고 세계시민주의를 내세운 데는 이런 철학적 배경이 있습니다.

역경의 쓸모

스토아철학의 매력은 역경과 실패에 대응하는 방식에서도 찾아볼 수 있습니다. 스토아철학자는 우리에게 일어나는 일을 좋게 활용하는 데 탁월합니다. 실패한다 해도 그것을 활용하면 기회가 될 수 있죠. 실패에 직면한다면 한 가지만 생각하면 됩니다.

'뭐가 잘못됐을까?' 이 질문에 답할 때마다 새로운 배움을 얻게 됩니다.

실패는 이루고자 한 것을 이루지 못한 상태입니다. 무엇을 이루고 싶은가요? 만족할 만한 돈인가요? 스토아철학에서 돈은 목표가 될 수 없습니다. 그것은 우리 마음대로 할 수 없죠. 목표가 있다면 자신의 의무에 충실함으로써 자유와 평정을 얻는 것입니다. 실패에 초연하고 평온할 수 있다면 실패가 아닙니다. 실패를 통해 한 발 나아갈 수 있다면 성공의 과정이라고 할 수 있습니다. 스콧 피츠제럴드가 말했듯이, 한 번의 실패와 영원한 실패를 혼동하지 말아야 합니다.

실패에 초연하며 '무엇이 부족했는지' 배우는 것이야말로 지금 내가 할 일입니다. 우리 삶은 결과가 아니라 상태죠. 사업에 성공했다고 계속 성공하는 것은 아닙니다. 실패했다고 계속 실패하는 것도 아니고요. 한 번의 성공이 자만을 낳고, 자만심으로 실패를 거듭한다면 성공이 무슨 의미가 있을까요? 스토아철학은 성공에 집착할 때 감정이 무너지고, 정신적 진보도 불가능함을 발견했습니다. 그래서 초월과 평정을 강조했죠.

처음 책을 내려고 했을 때 여러 출판사에 원고를 보냈습니다. 한 곳도 연락이 없더군요. 좌절감에 빠졌습니다. '나는 안 되나 보다' 하는 생각에 책이라면 보고 싶지도 않았습니다. 그러다 이유를 알아보자는 생각이 들었습니다. 출판사에 전화했죠. "제 원고에 부족한 점이 무엇입니까?" "재미없다"는 답을 들었습니다. 재미있는 요소를 넣어 수정했습니다. 다시 보내니 이번에는 "가볍다"고 하더군요. 다시 고쳤습니다. "시대에 안 맞다"고 합니다. 또 고쳤습니다. 그렇게 여러 번 작업한 끝에 OK를 받아냈습니다.

출판사에서 연락이 없을 때 포기했으면 지금의 저는 없을 겁니다. 우리는 한 번에 하나씩 이유를 알아내는 것만으로도 전진할 수 있습니다. 이 작은 힘을 무시하고 단번에 성과를 보려고 합니다. 삶은 과정인데 결과만 보려 합니다. 철학은 이런 나를 돌아보고, 무엇에 어떻게 접근해야 하는지 알려줍니다.

1인치 게임

제가 좋아하는 영화 중에 미식축구를 다룬 〈애니 기븐 선데이〉가 있습니다. 코치 토니(알 파치노)는 가족과 떨어져 외롭게 살아가는데, 미식축구에 대한 열정은 누구보다 뜨겁죠. 그가 최종 경기에 나서는 선수들을 독려합니다.

나이를 먹으면 여러 가지를 잃는다. 그게 인생이야. 하지만 잃기 시작하면서 새로운 것도 알게 돼. 인생은 1인치 게임이라는 거야. 풋볼도 그래. 인생이건 풋볼이건 오차

범위는 매우 작아서 반걸음만 늦거나 빨라도 안 되고, 반 초만 늦거나 빨라도 잡을 수 없다. 모든 일에서 몇 인치가 문제야. 경기 중에 생기는 기회마다, 몇 분 몇 초마다 그래. 우리는 그 인치를 위해 싸워야 해. 우리는 그 인치를 위해 우리 몸을 부수기도 하고, 남의 몸을 부수기도 하지. 그 인치를 위해 주먹을 움켜쥐어라. 그 인치를 합치면 승패가 뒤바뀐다는 것을 알기 때문이다. 생사가 뒤바뀔 것이다. 싸움에서 죽을 각오가 된 사람만이 그 인치를 얻는다. 내가 인생을 더 살려고 하는 것은 아직 그 인치를 위해 싸울 각오가 돼 있기 때문이다. 그게 인생이지. 여러분 앞에 놓인 6인치를 내가 억지로 시킬 순 없다. 옆에 있는 동료를 봐라. 그의 눈을 똑바로 봐라. 여러분과 같이 그 6인치를 위해 싸울 각오가 보일 거다. 팀을 위해 희생할 각오가 보일 거다. 여러분은 서로를 위해 희생할 것임을 알기 때문이다. 그게 팀이야. 지금 우리가 팀으로 희생하지 못한다면 개인으로 죽어야 해. 그게 풋볼이다. 그게 전부다. 자, 어떻게 할 건가!

철학자와 사업가는 실패에도 초연합니다. 냉정하게 분석해서 부족한 점을 찾아내죠. 그리고 1인치씩 나아갑니다.

니체에게 배우는
자기만의 철학

삶의 근본 처방

《모두가 헤어지는 하루》라는 서유미 작가의 단편집이 있습니다. 다양한 사람이 등장하죠. 월세를 올려달라는 집주인의 요구에 걱정으로 하루를 보내야 하는 자매, 제대로 살아보고 싶지만 개 같은 삶을 살 수밖에 없는 현실에 가로막힌 청년, 휴가를 얻어 함께 쉬면서 옆에 있는 사람이 어떤 기분인지 전혀 신경 쓰지 않는 부부, 황혼 이혼을 하고 자기를 찾기 위해 책을 읽기 시작하는 여성까지, 이 시대 우리의 자화상입니다. 주인공들의 하루는 모두 다른 모양이지만, 하나같이 제 이야기처럼 들려 읽는 내내 불안했습니다. 나도 저렇게 될 것 같다는 생각에.

우리는 고도성장이 끝나고 침체한 시대에 살아야 하는 운명입니다. 이런 시대는 황금빛 희망이 아니라 잿빛 황혼의 어스름이 자욱합니다. 불투명한 미래에 대한 불안, 함께 있으면서 드는 소외감, 삶이 주는 압박감… 이는 우리 시대의 문제만은 아닐 겁니다. 선조들도 가난, 신분, 종교, 미신, 윤리, 구습 같은 문제로 억눌린 채 살았을 테니까요. 우리는 선조들에 비해 훨씬 넉넉한 물질적 풍요를 누리고, 신분이나 도덕의 구속에서 자유롭습니다. 하지만 답답한 일상과 대안 없는 미래의 압력은 예전보다 심해진 듯합니다. 이런 삶을 언제까지 반복해야 할까요? 여기서 벗어나는 방법은 없을까요?

삶의 압력에서 벗어나기 위해 흔히 사용하는 방법이 일탈과 유희입니다. 기분 전환이라는 표현이 맞을지도 모르겠네요. 여행, 캠핑, 술자리, 게임 등은 분위기를 바꿀 기회를 제공합니다. 하지만 이런 일탈과 기분 전환은 억압적 삶에서 벗어날 진정한 대안이 될 수 없습니다. 휴가를 마치고 돌아와 다시 시작되는 일상은 이전보다 괴롭습니다. 근본 문제가 해결되지 않은 상황에서 일시적인 처방은 환각제 역할을 할 뿐이죠. 환각제를 경험한 뒤, 현실은 더욱 도피하고 싶은 곳이 됩니다.

우리에게 필요한 것은 유희적 일탈이 아니라 근본 처방입니다. 근본 처방이란 우리가 살아가는 현실을 떠나고 싶지 않은 곳으로 만드는 것, 일과 사람과 활동이 즐거운 놀이가 되도록 만드는 것입니다. 그러자면 놀 줄 알아야겠죠. 생동감 넘치는 힘으로 삶이라는 게임을 즐길 수 있어야 합니다.

흔히 돈이 현실의 괴로움을 해결해줄 거라 믿고 저축합니다. 은퇴하면 일하지 않는 즐거운 삶이 기다릴 거라 믿죠. 하지만 그런 삶은 오지 않습니다. 일하지 않는 것이 즐거운 삶을 보장해주진 않기 때문입니다. 즐거운 삶은 생기 넘칠 때 시작됩니다. 생기가 없다면 남아도는 시간이 공허감을 불러올 뿐이죠. 힘과 시간을 가치 있는 활동에 쓰지 못하면 돈이 있어도, 시간이 남아도 소용없습니다.

초인의 조건

철학자 니체는 '초인'이라는 말을 사용합니다. 이제 너무나 잘 알려진 말이죠. 초인은 자기 가치를 새롭게 만들면서 끊임없이 자기를 만들어가는 존재입니다. 다른 사람의 삶을 따라 하지 않고, 자기 기준에 맞게 살아가는 사람, 요즘 말로 '자기를 실현하는 사람'이죠. 더 평범한 말로 바꾸면 자유롭게 사는 사람, 행복한 사람, 주체적으로 사는 사람, 성공한 사람입니다.

우리는 자기답게 살고, 자기 생각대로 재능을 맘껏 펼칠 때 자유롭고 행복하다고 느낍니다. 모든 사람이 이런 삶을 꿈꾸죠. 그런데 왜 우리는 자기답게 살기는커녕 통제력을 잃고 의무감에 짓눌려 살까요?

자기 철학이 없기 때문입니다. "나도 철학은 있는데"라고 말씀하시는 분도 계실 겁니다. 물론 누구나 철학이 있습니다. '내' 철학이 아니라는 게 문제죠. 우리가 가진 철학은 대부분 사회가 심어놓은 철학입니다. 어려서부터 배우는 지식과 정보, 윤리 관념이 우리 철학이 됩니다. '행복하려면 돈이 필요하다' '벤츠를 타면 성공한 사람이다' '좋은 대학이 너의 미래다' 등이 우리의 생각입니다. 내 철학이 아니라 그들, 우리 사회의 생각입니다.

내 철학이 아니라 그들의 철학으로 살아가면 어떤 일이 벌어질까요? 고등학생은 하고 싶지 않은 수능 공부를 하느라 야간 자율 학습 시간을 채웁니다. 대학생은 돈을 많이 받는 직장을 얻기위해 영어 학원에 다니며 스펙을 채웁니다. 직장인은 자기 방식을 포기한 채 투덜거리며 괴로운 하루를 소모합니다. 일상을 대부분 자기가 아니라 타인의 요구를 충족하는 데 사용하죠. 이런 상황에서 억압감과 소외감, 어쩔 수 없는 절망감이 드는 것은 당연한 일입니다.

자기를 실현하는 사람은 하고 싶은 일을 하면서 자유롭고 풍요하게 살아갑니다. 사람들은 그들의 모습에 고무돼 노하우를 배우려고 자기 계발에 열을 올립니다. 하지만 시간이 지날 뿐, 바뀌는 것은 없습니다. 그들의 겉모습, 돈 버는 방법, 인간관계 스킬 등 눈에 보이는 것만 따라 하기 때문입니다. 정작 중요한 것은 겉모습이 아니라 철학인데, 그 철학을 배울 생각은 없습니다. 눈에 보이지 않고, 돈이 되지 않고, 유용할 것 같지 않거든요. 철학이 돈을 벌게 해주지 않는다는 것이 철학에 대한 우리의 생각입니다. 진실은 그 반대죠. 그들이 자유롭고 행복하게 사는 것은 그들의 재능이나 지식이 아니라 철학 때문입니다.

사람들은 성공한 사람들이 머리를 타고났거나 운이 좋았다고 생각합니다. 그런 사람도 있지만, 타고난 머리나 운은 한 가지 조건일 뿐입니다. 머리가 아무리 좋아도 자기 철학이 없으면 무용지물입니다. 좋은 머리를 돈 버는 데 사용할 뿐, 초인이 될 순 없으니까요. 돈이 많은 것과 생동감 넘치는 인생의 주체로 사는 것은 다른 문제입니다.

인생을 주인으로 살아가는 초인은 우리와 어떤 점이 다를까요? 첫째, 그들은 보통 사람이 믿는 생각, 우리 사회가 말하는 철학을 믿지 않습니다. 둘째, 그들은 자기 철학을 좇습니다.

자기 가치 창조

주체적이고 신나게 살려면 대중의 철학을 거부해야 합니다. 우리는 대중의 철학을 가슴 깊이 새기며 살고 있습니다. 자주 들으면 익숙해지고, 익숙해지면 당연한 것으로 여기죠. 세상이 우리를 세뇌하는 방법입니다. 세상의 철학에 따르다 보면 어느새 남의 삶을 추종하는 대중이 됩니다. 자기 생각대로 살지 않으면 다른 사람이 시키는 대로 살 수밖에 없습니다. 다른 사람이 내놓은 생각과 상품을 소비하며 그것을 얻게 해줄 수입을 올리기 위해 노력하는, 허무한 삶을 반복하는 겁니다.

니체는 "신은 죽었다"고 말합니다. 그가 말하는 신은 우리에게 '이렇게 살라' '이것이 중요하다'고 말하는 종전의 가치관, 도덕, 윤리 관념 같은 것입니다. 한마디로 타인의 철학이죠. 이런 철학은 죽었습니다. 타인의 철학이 죽을 때 내 철학이 시작됩니다. 삶을 충만한 기쁨으로 만드는 핵심은 통제력입니다. 내가 내 삶을 통제한다는 느낌이죠. '내가 원하는 것을 하고 있다' '내 방식대로 하고 있다'는 느낌이 필요합니다.

직장인이 자영업을 꿈꾸는 것은 이런 통제력을 발휘할 수 있다고 믿기 때문입니다. 실제로 자영업을 해보면 고객의 입맛에 맞춰야 해서 전혀 통제력을 발휘할 수 없죠. 직장인이든 자영업자든 마찬가지입니다. 통제력을 발휘하려면 직장, 사회, 타인이 요구하는 기준에 따라선 안 됩니다. 그것은 추종이고 굴종이며 노예근성입니다.

신을 죽이지 못하면 우리 사회가 마련한 진열대에서 뭔가를 고르며 살아야 합니다. 청소년은 종전의 직업 가운데 하나로 미래를 선택합니다. 당연히 편하고, 돈이 되는 일을 고르겠죠. 그런 일은 공부를 많이 해야 합니다. 공부하려면 자기 생각이나 개성을 발휘할 수 없습니다. 이런 일이 죽을 때까지 반복되는 것이 우리 삶입니다. 신을 죽여야 내 삶을 살 수 있습니다.

그런데 신을 죽이기가 어렵습니다. 신을 죽이는 일은 엄청난 위험이 따르죠. 일단 믿을 구석이 없어집니다. 지금까지 누군가의 말을 믿고 살았는데, 이제 그것을 내가 해야 합니다. 주변 사람들은 "어쩌려고 그러냐" "도대체 생각이 있는 거냐" "그러면 가난해진다"며 협박하고요. 니체가 "명령하는 일은 명령 받는 것보다 어렵다"고 한 이유가 여기 있습니다. 명령하는 존재가 되는 것은 자기 철학으로 산다는 의미입니다. 남들이 돈을 좇을 때, 자기다운 것을 좇아야 합니다. 남들이 영웅을 숭배할 때, 내 마음의 소리를 들어야 합니다. 엄청난 용기가 필요합니다.

창의성을 발휘하며 신명 나게 사는 초인 가운데 괴짜가 많습니다. 다른 사람의 방식이 아니라 자신의 철학을 따르기 때문입니다. 그들은 싫으면 싫다고 말합니다. 우리가 현실의 벽 앞에서 내뱉지 못한 말이죠. 그들의 삶은 멋있어 보이지만 무척 위험합니다. 대중의 생각과 다르기에 의지할 곳이 없습니다. 자신의 소리, 자기 가치가 그를 지탱하는 힘입니다.

자기 가치를 창조하려면 어떻게 해야 할까요? 느낌에 따라야 합니다. 느낌이라고 하니 추상적으로 들립니다. 본능, 마음이 시키는 것입니다. 많은 선각자가 "가슴의 소리를 들어라" "직관에 따르라" "답은 자기 안에 있다"고 말해왔습니다. 뭔가 하기 싫을 때, 선택의 길목에 섰을 때, 내면의 소리를 들어보세요. 내 안의 또 다른 내가 진실을 말해줄 겁니다.

인생은 문제의 연속입니다. 우리는 문제에 부딪힐 때, 다른 사람의 이야기를 듣거나 사회적으로 알려진 대안 가운데 하나를 선택합니다. 자기 가치를 창조하는 사람은 자기 방식으로 도전합니다. 통념에 따르는 대신 자기 생각대로 문제를 풉니다.

전공에 전혀 재미를 느끼지 못하는 의대생이 있습니다. 의학에는 관심이 없고 대신 철학이 끌립니다. 어떻게 할까요? 사람들은 이런 고민을 이해하지 못합니다. 철학은 취미로 하라고 충고하죠. 조금만 참으면 밝은 날이 온다고 달래기도 하고, 철학자는 가난하고 불행하다며 위협하기도 합니다. 우리 사회가 문제를 해결하는 방식입니다.

자기 가치를 창조하는 사람은 어떨까요? 철학을 부전공으로 선택할 수도 있고, 의대를 접고 철학을 선택할 수도 있습니다. 물론 의학을 배우면서 철학은 혼자 책 읽으며 할 수도 있습니다. 내가 무엇을 원하는지 아는 것은 나뿐입니다. 내 안에서 흘러넘치는 힘에 따라 사는 것이 가치 창조입니다. 우리가 그 소리를 따를 수 있느냐가 문제죠.

'언제까지 이렇게 살아야 하나?' 이런 생각을 자주 한다면 가능성이 있습니다. 언제까지 이렇게 살아야 하냐는 푸념에는 억

압과 허탈이 이어지는 삶이 반복될 것을 아는 힘이 있습니다. 타인의 철학을 버리고 자기 가치를 선택할 힘도 있습니다. 푸념과 불만이 나만의 가치를 좇는 시작입니다.

철학의 이유

철학은 필연적으로 갈등을 불러옵니다. 현실과 이상의 갈등, 머물고 싶은 마음과 나아가려는 마음의 갈등, 옛것과 새것의 갈등입니다. 니체는 다른 사람의 생각에 따를지, 자기 생각을 추구할지 선택하는 길로 우리를 이끕니다. 남들이 말하는 안전한 길을 선택하면 일시적 안심은 얻겠지만, 불만족스럽게 살아야 합니다. 반면 자기 가치에 따라 사는 선택은 위험하지만 신나는 일이 되겠죠.

철학이 쓸모없다는 말은 용기가 없음을 자인하는 것일 수 있습니다. "옳은 말이지만 현실적으로 불가능하다"는 "나는 그럴 용기가 없다"는 말과 통하니까요. 자신에게 명령할 힘, 위험하게 살 용기가 없다면 남의 명령에 따라 살 수밖에 없습니다.

철학자는 자기 생각대로 살아본 사람입니다. 다른 사람의 철학이 아니라 자기 철학을 했습니다. 우리가 철학을 공부하는 이유는 명확합니다. 자기다운 삶, 생명 넘치는 삶을 위해서입니다.

철학자가 종전의 생각에 반기를 들고 자기 생각을 펼쳤듯이, 우리도 나만의 철학을 만들고 키워야 합니다. 누구나 자기 개성과 스타일에 맞는 삶이 있기에, 그것을 가꿔가는 철학이 필요합니다. 철학자도 단번에 자기 철학을 완성한 것은 아닙니다. 수많은 지적 탐구와 시행착오를 거치면서 한 발 한 발 나아갔습니다. 그 길이 삶이고, 가치 창조입니다. 자기 가치에 따라 살라고 외친 니체의 묘비에는 이런 문구가 새겨져 있습니다.

이제 나는 명령한다! 차라투스트라를 버리고 너희 자신을 발견할 것을.

《논어》에서 배우는
경영 비법

군자와 소인

소인들은 잘못을 저지르면, 반드시 꾸며댄다.
— 공자, 《논어》

사업가나 연예인, 정치인의 잘못을 비판하는 기사가 자주 눈에 들어옵니다. 표현이 적절하지 못했거나, 사회적으로 문제가 되는 행동을 한 경우가 대부분이죠. 문제는 대처하는 방식입니다. 이때 잘못을 저지른 사람의 반응은 변명과 사과로 나뉩니다.

변명하는 이유는 자기 잘못을 인정하고 싶지 않기 때문입니다. 잘못을 인정하면 자신이 못난 사람이 된 것 같고, 자존심도 상합니다. 자기 잘못이라고 보기 애매한 경우도 있지만, 대중의 반응은 싸늘합니다. 변명할수록, 잘못을 인정하지 않을수록 공격은 강해집니다. 여론에 못 이겨 사과하지만, 상처는 오래갑니다. 그래서 공자는 "잘못이 있어도 고치지 않는 것이 잘못이다"라고 말합니다.

잘못을 즉각 인정하면 문제 해결이 빠르고, 자존심에 큰 상처를 받지도 않습니다. 사람들은 잘못을 인정하는 이에게 관대한 경향이 있기 때문이죠. 운전하다가 무리하게 끼어드는 차가 있어 경적을 울렸습니다. 이때 끼어든 차가 비상등을 켜면 '그래도 예의는 있군'이라는 생각이 들고, 금방 마음이 차분해집니다. 사과의 표현이 없으면 계속 투덜거리고, 심한 경우 공격성을 드러냅니다.

사과하지 못하는 사람은 자기 마음에 사로잡힌 사람입니다. 자기를 보호하고, 자존심을 세우려 하죠. 오히려 그것이 역효과를 불러옵니다. 자기만 생각하는 사람을 좋아하는 이는 없습니다. 빨리 사과하는 사람은 마음이 큰 사람입니다. 자기보다 큰 것을 생각하기 때문입니다. 여기서 큰 것이란 상대방의 입장이나 더 중요한 일 등을 말합니다. 공자는 이런 사람을 '군자'라 불렀습니다. 요즘 말로 리더죠.

원인 찾기

> 군자는 일의 원인을 자기에게서 찾고, 소인은 남에게서 찾는다.
>
> — 공자, 《논어》

'내 잘못'이라고 인정하는 사람은 자기 잘못을 고칠 수 있습니다. 일이 실패하면 원인을 자기에게서 찾습니다. 제품에 하자가 있어서, 서비스가 나빠서, 타이밍이 맞지 않아서, 마케팅이 부족해서… 실패한 원인은 다양하죠. 모든 원인을 자기에게서 찾는 사람은 하자를 직접 점검하고, 서비스를 책임지고, 타이밍에 맞게 마케팅에 열성을 다합니다. 원인을 자기에게서 찾을 때, 문제가 해결됩니다. 원인을 남에게서 찾으면 자신의 심리적 안전을 지킬 수 있지만, 문제는 고스란히 남습니다. 다음에도 같은 문제가 생기고 실패가 반복됩니다.

실패한 원인을 어디서 찾느냐에 따라 미래가 달라집니다. 성공한 사업가들은 대부분 실패를 여러 번 경험했습니다. 그때마다 일어섰고 결국 해냈죠. 문제의 원인을 자기에게서 찾고 개선했기에 가능한 일이었습니다.

이때 조심해야 할 점이 있습니다. '모든 것이 내 책임이다, 내가 못난 사람이다'라고 생각해서 자신을 쓸모없는 존재로 취급하지 말아야 합니다. '나는 안 된다'는 부정적 자기 인식이 강해지면 실패를 학습하게 됩니다. 무력감이 지배하고, 다시 도전할 에너지를 상실합니다. 실패는 안 되는 방법 하나를 알아낸 것과 같습니다. 새로운 방법으로 다시 도전하면 됩니다.

《논어》의 힘

경영자들에게 가장 큰 영향을 미친 책이 무엇인지 묻는 설문에서 《논어》가 당당히 1위로 꼽혔습니다. 왜 2500년이나 지난 공자와 제자들의 이야기가 경영자들에게 큰 영향을 미칠까요? 사업과 인생에 통찰력을 주기 때문입니다. 인생과 사업의 원리는 크게 다르지 않습니다. 혼란한 시대적 상황에서 어떻게 나라를 운영해야 하는지 다루는 책은 경영에도 통찰력 있는 메시지를 남깁니다. 고전이 살아남아 후세에 전해지는 까닭은 다음 세대에게 유효하기 때문입니다. 사업가든, 정치인이든, 예술가든 그것을 읽고 통찰과 영감을 얻을 수 있다면 성공한 독서죠.

공자의 제자 자하가 작은 읍을 다스리게 되어 공자에게 정치를 어떻게 해야 하는지 묻습니다. 공자가 대답합니다. "성과를 빨리 보려 하지 말고, 작은 이익을 추구하지 마라."

뻔한 이야기처럼 들리는데, 막상 사업을 하면 그렇지 않습니다. 사업가는 어떻게든 빨리 성과를 보려 합니다. 작은 이익도 놓칠 수 없죠. 작은 이익에 연연하다 보면 제품이나 서비스에 신경쓰지 못합니다. 그러다 고객의 불만이 들리고, '안 되는구나' 하는 생각에 포기하죠.

고전은 보편적이고 타당한 이야기를 들려줍니다. 평소에는 크게 와닿지 않는데, 그런 상황에 직면했을 때 읽으면 '이거다' 싶습니다. 경영자들이 《논어》를 첫손으로 꼽는 이유가 이것입니다. '내가 당연한 것을 놓치고 있었는데 《논어》가 알려줬다. 덕분에 중요한 것을 지켰다.'

빨리 성과를 내면 얼마나 좋을까요? 문제는 사업이 그렇지 않다는 것입니다. 시대를 읽고 시간을 들여 제대로 준비해야 원하는 성과에 접근할 수 있습니다. 공자는 "군자는 느긋하되 교만하지 않고, 소인은 교만하되 느긋하지 않다"고 말합니다. 자기 방식으로 차근차근 해나가면 언젠가 잘될 것을 알고 접근하는 사람이 군자입니다. 그래서 느긋합니다. 결과가 하늘에 달렸음을 알기에 교만하지 않습니다. 소인은 자기 확신에 차서 일을 밀어붙이고, 뜻대로 안 되면 안절부절못합니다. 자기 철학 없이 성과만 생각하기 때문입니다. 군자는 평온하고 너그럽지만, 소인은 작은 이익과 성과에 눈이 멀어 근심에 싸입니다.

공자는 군자의 모습을 실천하며 살았고, 제자들은 그의 모습을 다음과 같이 표현합니다.

공자께서는 온화하면서도 엄숙하고, 위엄이 있으면서도
사납지 않으며, 공손하면서도 편안하셨다.
— 공자, 《논어》

사업가의 적극성

느긋하다고 성과에 신경 쓰지 않는 것은 아닙니다. 오히려 그
반대죠. 성과를 위해 긴 시간을 노력합니다. 자공이 "아름다운
옥이 있다면 궤 속에 넣어두시겠습니까, 좋은 상인을 구해서 파
시겠습니까?"라고 묻자 공자는 대답합니다. "팔아야지, 팔아야
지. 나는 상인을 기다리는 사람이다."

자신의 지식과 능력을 세상에 사용하겠다는 강한 의지가 보입
니다. 공자는 학자를 넘어 적극적인 정치인이었습니다. 십수 년
간 자기 생각과 능력을 알아줄 제후를 찾아다녔죠. 적극성과 주
도성이 없는 사람이 사업을 일굴 순 없습니다. 노장사상이 자연
과 더불어 사는 유유자적한 태도와 마음의 평화를 준다면, 공자
의 사상은 좋은 세상을 만드는 철학과 실천의 힘을 담고 있습니
다. 공자가 제자를 모아 가르친 것도 군자를 양성해 좋은 세상을
일구기 위해서죠. 그런 면에서 공자는 사업가의 풍모를 갖췄습
니다. 세상을 경영하는 사업가의 철학이 《논어》입니다.

공자의 사업가적 면모는 사람을 중요시하는 데서도 찾을 수 있습니다. 사업에서 사람은 핵심이죠. 함께 일하는 사람이 누구냐에 따라 완전히 다른 결과에 이를 수도 있습니다. 번지가 인(仁)에 관해 묻자, 공자는 "사람을 사랑하는 것"이라고 답합니다. 지(知)에 관해서 묻자, "사람을 알아보는 것"이라고 말합니다. 번지가 뜻을 이해하지 못하자 설명하죠. "바른 사람을 뽑아서 그릇된 사람 위에 두면, 그릇된 사람을 바르게 만들 수 있다."

사업을 하는 것은 결국 사람입니다. 나이가 들면서 '사람은 잘 바뀌지 않는다'는 것을 깨닫습니다. 그렇다면 분명해집니다. 사람을 바꿀 수 없다면 좋은 사람을 찾아야겠죠. 그래서일까요? 공자는 사람과 일에 대해 이렇게 말합니다.

추구하는 도(道)가 같지 않으면 함께 일을 꾀하지 않는다.

사장의 실력, 명·예·언

천명(天命)을 알지 못하면 군자가 될 수 없고, 예(禮)를 알지 못하면 자립할 수 없으며, 언(言)을 알지 못하면 사람을 알 수 없다.
— 공자, 《논어》

천명은 하늘의 뜻입니다. 세상이 움직이는 원리, 요즘으로 치면 경영 환경의 변화와 관련이 있습니다. 세상이 어떻게 변하는지, 어느 방향으로 흐르는지 감을 잡아야 합니다. 다시 말해 세상을 읽는 안목이 필요하죠. 이때 자신이 무엇을 해야 하는지도 알게 됩니다.

예는 사람과 관계를 맺는 능력입니다. 인이 사람을 아끼는 마음이라면, 예는 사람 사이의 예절 혹은 윤리입니다. 예를 갖춰야 사람과 잘 사귈 수 있고, 관계가 튼튼해집니다. 덕분에 세상에 나가 당당히 자리 잡을 수 있습니다.

언은 적절하게 말하고, 잘 듣는 능력입니다. 사람은 말을 통해 자기 생각을 전달하고, 상대방의 마음을 읽습니다. 잘 들어야 말도 잘할 수 있죠. 그 말 한마디로 사람을 얻기도 하고 잃기도 합니다. 말을 다루지 못하면 사업을 제대로 운영할 수 없습니다.

명·예·언은 군자가 세상에 우뚝 서 자신의 삶을 영위하는 데 필수적인 요소입니다. 이 모든 것은 앎(知)과 관련이 있습니다. 천명을 알고, 예를 알고, 말을 알아야 합니다. 알기 위해 공부가 필수죠. 그래서 공자는 공부를 강조합니다. 공부를 통해 앎에 도달해야 진정한 경영자가 될 수 있습니다. 이것이 철학을 공부하는 이유입니다.

공부와 철학

사업가는 끝없이 공부해야 합니다. 주식 투자를 하는 사람이 자신이 투자하는 기업을 공부하지 않는 것은 실패를 자초하는 일이죠. 사업도 마찬가지입니다. 자신이 뛰어드는 분야를 누구보다 잘 알아야 하고, 그것을 이용하는 사람의 성향과 마음에도 깊은 관심을 가져야 합니다. 여기에 변하는 세상의 흐름을 살피고 맥락을 읽어야 합니다. 이 모든 것이 공부입니다. 동네 식당을 해도 자신이 제공하는 음식을 탁월하게 만들어야 하고, 동네 사람들의 마음을 알아야 하며, 변하는 세상의 트렌드를 읽어야 합니다. 공부가 필수죠.

사업에 실패하는 사람은 공부를 안 합니다. 유행에 따르거나, 주변 사람의 말만 믿거나, 자기 상황에 맞춰서 '적당한' 업종을 고릅니다. 공부는 하지 않고 생각만 많아서 판단을 그르칩니다. 공부는 하는데 생각을 안 하는 사람도 있습니다. 책이나 인터넷에서 읽은 것이 전부라고 믿습니다. 공부한 걸 현실에 접목하고 실패와 성공 사례를 연구해야 하는데, 그게 안 됩니다. 원리만 알고 어디에 어떻게 적용해야 하는지 모르는 사람입니다. 우연히 한 번 잘될 수 있지만, 오래 계속하긴 어렵습니다.

공부를 해야 원리를 알 수 있고, 생각을 해야 변하는 상황에 적용할 수 있습니다. 《논어》가 공부와 생각을 강조하는 이유가 이 때문입니다. 사업은 공부를 통해 세상과 사람을 알고, 생각하는 힘을 통해 변하는 상황에 맞추는 과정입니다. 세상을 경영하고자 한 공자는 말합니다.

배우기만 하고 생각하지 않으면 얻는 것이 없고, 생각만 하고 배우지 않으면 위태롭다.

유방에게 배우는
공감의 기술

영웅과 건달의 차이

한나라를 세운 유방은 건달 출신입니다. 동네 주막에서 외상 술이나 먹고 왈패들과 어울리며 빈둥거렸죠. 오죽하면 결혼한 형 집에 얹혀살다가 쫓겨났을까요. 그런 그가 황제가 됐습니다. 건달에서 영웅이 된 거죠. 운이 좋았다고 보기에는 너무 큰 성공입니다. 도대체 그의 어떤 면이 황제가 되게 했을까요?

영웅과 건달의 차이는 사람에게 존경받을 수 있느냐에 달렸습니다. 유방이 황제가 된 것은 그가 가진 힘 때문이 아닙니다. 그는 사람들이 원하는 것이 무엇인지 알고 그들의 생각을 읽었습니다. 덕분에 사람들의 지지를 얻었죠. 건달은 자기를 위해 삽니다. 자기와 패거리의 이익만 생각합니다. 영웅은 자기보다 큰 것을 위해 살죠. 정의, 선, 진리, 미래 등 공동체에 관한 것에 마음을 씁니다. 사람들이 "그래, 맞다"고 할 대의명분이 있습니다. 건달이 경찰을 피하는 것은 명분이 없기 때문입니다.

장사꾼과 사업가는 다릅니다. 장사꾼은 돈과 생계를 위해 일합니다. 사업가는 돈을 넘어선 명분이 있습니다. "나는 ○○을 위해 일한다. 나와 뜻이 맞으면 함께하자"고 외칩니다. 그 명분이 의기투합을 불러오고, 혼자서 할 수 없는 일을 하게 하죠. 명분이 곧 철학이고, 함께하는 것은 철학이 같음을 의미합니다.

산다는 것

사업가는 정말 열심히 일합니다. 새벽부터 밤까지 눈코 뜰 새 없습니다. 그러다 건강을 해치기도 합니다. 왜 이토록 바쁘게, 열심히 일할까요? 사람들은 이해하지 못합니다. 일을 그렇게 좋아하지 않으니까요.

사업가가 열심히 일하는 이유는 따로 있습니다. 그들은 해야 하는 일과 하고 싶은 일이 같습니다. 생계와 사업이 구분되지 않습니다. 그들은 일이 좋고 신나고 보람 있습니다. 힘들고 괴롭지만 재미있고 행복합니다. 한마디로 운명이죠. 그들은 운명을 사랑하는 사람입니다.

직장인과 사업가의 차이가 여기 있습니다. 직장인은 하고 싶은 일이 없습니다. 있다 해도 직장 밖에 있죠. 직장에는 해야 하는 일이 있을 뿐입니다. 그러니 열심히 일하는 것을 이해할 수 없습니다. 가끔 사업가 중에도 일하는 이유를 모르는 사람이 있습니다. 먹고살기 위해 일하는 건 이유가 아닙니다. 동물도 먹기 위해 노력합니다. 일이 삶이라는 것이 중요합니다. 사업가는 일에 인생을 걸죠.

어떤 사람은 일하지 않고 편하게 살려고 합니다. 한가한 삶이죠. 어떤 사람은 일에 전부를 겁니다. 일에서 보람을 느끼고, 자기를 증명하고, 살아 있음을 발견합니다. 그에게 일은 운명입니다.

사는 게 뭘까요? 살아 있다고 느끼는 겁니다. 하루를 살았으면 잠들기 전에 '살았다'는 생생한 느낌이 들어야 합니다. 조용하고 편안한 하루를 보내면 살았다는 느낌을 얻기 어렵습니다. 자기 생각대로 뜨겁게 시도하고 좌절하고 성취했을 때 살았다고 할 수 있습니다. 사업가는 그런 사람입니다. 철학자도 의문이 풀릴 때까지 매달립니다. 평생 하나의 질문을 품고 살기도 합니다. 그런 집요함이 철학자의 운명입니다.

내 작업의 동기는 아주 간단했다. 그토록 끈질기게 작업에 몰두한 내 수고는 단지 호기심, 그렇다, 일종의 호기심 때문이었다. 반드시 알아야 할 지식을 자기 것으로 만들려고

하는 호기심이 아니라, 자기가 자신에게서 멀어지는 것을
허용하는 그런 호기심 말이다.
— 미셸 푸코, 《성의 역사 1》

일과 삶

인디언이 시장에서 양파를 팔고 있었습니다. 지나가던 백
인이 값을 물었습니다.

"5달러입니다."

"당신이 가진 양파를 모두 내게 파시오."

백인은 양파를 모두 살 기세였습니다.

"안 됩니다."

"한꺼번에 팔면 좋을 텐데, 왜 안 된다는 겁니까?"

백인이 의아한 듯 묻자, 인디언이 대답합니다.

"나는 시장에서 양파를 팔며 햇빛 받는 것을 좋아합니다.
지나가는 사람들을 지켜보고, 물건 사는 사람들과 대화할
수 있습니다. 이곳 상인들은 모두 내 친구죠. 그런데 양파
를 한꺼번에 팔면 나는 뭘 해야 할까요? 양파를 파는 것이
내 삶이기 때문에 한꺼번에 팔 수 없습니다."

인디언에게 일은 곧 삶입니다. 내가 하는 일이 곧 나이기 때문이죠. 인생이라는 시간을 통해 우리는 뭔가를 합니다. 내가 하는 일이 내가 누구인지 알려줍니다. 내가 무엇을 위해 하루를 사는지 알면 내 삶에서 어떤 직업적 정체성을 만들어갈지 알 수 있죠. 인디언의 철학은 사업가의 그것과 다르지 않습니다. 한 사람의 삶은 그의 철학과 떨어질 수 없습니다.

우리는 자기 철학을 가지고 그에 따라 살기 위해 공부합니다. 그런데 그것이 철학이 되지 못하는 경우가 있습니다. 공부한 것이 지식에 머무르기 때문입니다. 학교에서 공부한 지식이 모두 철학이 되는 것은 아닙니다. 지식은 머리와 관계있습니다. 철학은 가슴과 관련이 있죠. 지식이 철학이 되려면 가슴으로 배워야 합니다. 감동이 있고 그 감동으로 행동과 태도를 바꿔야 한다는 말입니다. 그때 지식은 철학이 됩니다.

회사에도 철학이 필요합니다. 신념이 같아야 제대로 할 수 있으니까요. 신념이 일치한다는 것은 철학이 같다는 것이고, 이는 곧 마음이 잘 맞는다는 뜻입니다. 이런 사람들이 모이면 놀라운 일이 벌어집니다. 기업이 철학을 강조하는 이유도 여기 있습니다. 마음이 맞아야 일을 하죠.

약법삼장

유방과 항우는 천하를 두고 경쟁했습니다. 두 사람은 각기 다른 방향에서 진나라의 수도 함양으로 진군합니다. 먼저 진나라를 쳐부수고 함양에 도착한 유방은 깜짝 놀랐습니다. 산더미 같은 재물과 수천 명의 궁녀, 호화스러운 궁궐이 그를 맞이했습니다. 유방이 이런 호사를 마다할 사람이 아닙니다.

이때 장량이 나서서 진언합니다. "진나라가 망한 것은 이 때문입니다. 진나라와 똑같이 즐거움을 누린다면 그 전철을 밟을 것입니다." 유방은 눈앞의 떡을 포기하고 멀리 떨어진 곳에서 야영하죠. 그리고 진나라의 가혹한 법을 간략하게 만들어 세 조목으로 발표합니다. '살인자는 사형에 처하고, 상해하거나 도둑질한 자는 그에 상응한 벌을 내린다'는 약법삼장(約法三章)입니다. 자신이 떨쳐 일어난 이유가 가혹한 진나라를 벌하기 위함이며, 그래서 궁궐에 들어가지 않고 야영한다고도 밝힙니다.

백성은 드디어 군자를 만났다고 환영하죠. 유방은 도탄에 빠진 백성을 구한다는 대의명분을 세웠고, 백성이 그를 칭송하며 남아서 왕이 돼주기를 원했습니다. 얼마 후 함양을 장악한 항우는 40만 대군을 이끌고 들어와 궁궐에 불을 지르고, 궁녀와 재물을 약탈합니다. 이 일로 항우는 명분도, 민심도 잃었습니다.

유방은 장량, 소하, 한신 같은 인재와 함께 명분을 얻었죠. 항우 주변에도 뛰어난 장수와 모사가 많았지만, 참모 범증의 말조차 듣지 않다가 사면초가를 자초합니다. 항우는 사람의 마음을 읽지 못하고 사람에게 포위됩니다. 그를 포위한 사람은 우군이 아니라 적이죠. 사람의 마음을 읽지 못하고 포위돼 곤란에 처한 정치인, 연예인, 기업인이 많습니다. 시대가 달라지고 세상도 변했지만, 사람의 마음(본성)은 달라진 게 없습니다.

통찰을 추구한다

고대 그리스 철학자 파르메니데스는 철학사에서 중요한 인물입니다. '일자(一者, the one)' 때문이죠. 일자란 우리가 경험하는 세계의 배후에 있는 통일성을 말합니다. 존재의 근원, 만물이 시작되는 지점, 종교적 느낌을 더하면 신이라고 할 수도 있습니다. 서양철학은 일자를 탐구하는 과정이라고 해도 무방하죠.

우리가 사는 세상은 감각적 경험의 세계입니다. 눈으로 보고, 손으로 만지고, 코로 냄새 맡으며 세상을 알아갑니다. 이렇게 감각으로 파악하는 것을 현상이라고 합니다. 현상은 변하죠. 해가 지고, 달이 뜨고, 새싹이 나고, 잎이 떨어집니다. 변화의 근원을 파악하려는 시도가 일자입니다.

파르메니데스는 "실재자는 하나며 영원불변하다"고 말합니다. 생성된 적 없고, 감각적으로 포착될 수도 없죠. 분명 이렇게 변하는 세상을 만든 근원이 있을 겁니다. 그 근원을 강조한 사람이 파르메니데스입니다.

철학은 변하는 현상세계에서 본질을 파악하려는 시도입니다. 변화의 패턴을 읽고, 움직임이 일어나는 원인을 파악하고, 감각적 세계 이면에 있는 법칙성을 발견하려 합니다. 그 법칙에는 세계의 근원에 대한 정보가 담겼죠. 지식은 그런 관찰과 추론을 통해 알게 된 것입니다. 지식이 확고해지면 진리가 되고, 철학은 그 진리를 찾아가는 과정입니다.

사업가도 변하는 현실에서 어떤 법칙을 읽어내려고 합니다. 현상 뒤에는 본질이 숨어 있게 마련이니까요. 요즘 사람들은 남과 다른 특별함에 열광합니다. 자기 개성을 드러내려 하죠. 이것은 현상입니다. 사업가는 "사람들이 왜 개성을 중요시할까?" 질문합니다. 현상 뒤에 숨은 진짜 이유, 본질을 찾기 위해서죠.

한때 디지털카메라가 유행했습니다. 최신형을 가진 사람이 승자였죠. 카메라가 1000만 화소가 넘으면서 인기가 시들해졌고, 디지털카메라를 만드는 회사는 대부분 업종을 전환하거나 파산했습니다. 고객이 더는 화소가 뛰어난 카메라를 원하지 않았습니다. 사람의 눈이 차이를 느끼지 못하기 때문이죠. 그 시장은 고스란히 스마트폰으로 넘어갔습니다. 기술이 변화를 주도하는 것 같지만, 그 이면에 사람이 있습니다. 사람에게 무의미한 기술은 실패할 수밖에 없습니다.

사람의 마음을 읽는 것이 중요합니다. 사람마다 추구하는 것이 다르죠. 값이 중요한 사람은 싼값에 움직입니다. 백화점을 찾은 고객이 옷을 입어보고 맞는지 확인합니다. 제품 번호를 스마트폰으로 찍은 뒤, 같은 제품을 인터넷 쇼핑몰에서 주문합니다. 더 싸기 때문입니다. 이런 사람들의 심리 때문에 성공한 기업이 아마존입니다. 네이버나 다음도 쇼핑 기능을 제공하죠. 오프라인 매장이 위험한 것은 이 때문입니다. 오프라인 매장은 온라인을 보조하는 역할에 머물 가능성이 큽니다. 아니면 새로운 기능을 더해 복합 공간으로 탈바꿈해야 하는 상황입니다.

넷플릭스는 사람이 편안함을 추구한다는 걸 알았습니다. 극장에 가지 않아도 편하게 영화를 골라 볼 수 있도록 서비스를 제공했죠. 그들은 콘텐츠만 공급합니다. 시스템은 이미 고객들이 가지고 있습니다. 가정에 인터넷을 제공하고 TV와 연결하는 일은 통신사의 몫이죠. 종전의 시스템을 활용하면 큰 비용을 들이지 않고도 놀라운 일을 할 수 있습니다. 물론 사람의 마음을 읽을 때 가능한 일입니다. 방향이 정해지면 기술은 금방 따라옵니다. 기술혁신처럼 보이지만, 사람이 원인입니다.

인스타그램과 페이스북은 툴을 제공할 뿐, 콘텐츠는 공급하지 않습니다. 이야기를 만들고, 사진을 올리고, 뉴스를 퍼뜨리는 것은 사람입니다. 누구나 소통하려는 본능이 있음을 알아본 것이 인스타그램과 페이스북의 성공 비결이죠.

사업에는 통찰력이 필요합니다. 눈에 보이는 것이 전부가 아닙니다. 눈에 보이는 것을 통해서 맥락, 본질을 읽어야 합니다. 그래서 인문학을 강조하죠. 어떤 기술은 훌륭한데 배척받고, 어떤 기술은 내용이 없는데 환영받습니다. 사람 때문입니다. 사람을 알기 위해서라도 통찰력, 인문학이 중요합니다. 그 통찰을 얻는 공부가 철학입니다.

기업에는 철학이 필요하다

사람의 마음은 수시로 변합니다. 혼란할 때는 강력한 리더를 원했다가, 조금만 상황이 안정되면 권위적인 독재자라고 비난합니다. 열심히 노력하는 사람을 응원하다가도, 그가 성공해서 유명해지면 금방 돌아섭니다. 힘들게 사는 친구는 도와주지만, 잘 나가는 친구는 질투하죠. 이게 사람 마음입니다.

유방은 황제가 된 후 느슨해져서 옷차림이 흐트러지고, 예도 지키지 않았습니다. 술을 자주 마시고, 건달 시절에 하던 욕이 입밖으로 나왔죠. 보다 못한 육가(陸賈)라는 신하가 《시경》《서경》 같은 유학 경전을 들먹였습니다. 그러자 유방이 말합니다.

"그만두라. 내가 말 위에서 천하를 얻었는데 어찌 경전 따위를 말하는가!"

육가도 지지 않았습니다.

"말 위에서 천하를 얻을 순 있어도, 어찌 천하를 지킬 수 있겠습니까?"

육가는 진나라 시황제가 무력으로 여섯 나라를 통일하고, 백성을 가혹한 법률과 토목공사에 동원했으며, 책을 불사르고 선비를 죽여 천하의 공분을 샀음을 강조합니다. 힘으로 천하를 통일한 시황제가 힘으로 다스렸기 때문에 망했다는 거죠. 그 말에 마음을 바꾼 유방이 자세한 내용을 글로 올리라고 합니다. 육가가 이에 화답해서 지은 책이 《신어(新語)》입니다.

힘으로 일어선 자는 더 힘센 자가 나타나면 망합니다. 건달로 끝나죠. 힘으로 일어섰다 해도 사람을 읽고 함께할 명분을 얻으면 다른 길을 갈 수 있습니다. 이후 유방은 유학을 받아들였고, 나라를 운영하는 철학으로 삼았습니다. 덕분에 한나라는 진나라와 달리 오래 유지됐죠.

'세 닢 주고 집 사고 천 냥 주고 이웃 산다'는 속담이 있습니다. 집을 사는 것보다 좋은 이웃을 구하는 것이 중요합니다. 사업가는 '세 닢 주고 회사 차리고 천 냥 주고 사람 얻는다'는 마음으로 함께할 사람을 골라야 합니다. 철학이 같아야 하니까요. 기업에는 철학이 필요합니다. 대의명분과 철학이 없을 때 동물적 욕망과 사적 이익이 두드러집니다. 자기 이익이 판단 기준이 되죠. 그때 패거리 사내 정치가 등장합니다. 진나라 말기 모양이 그랬습니다. 《돈의 속성》을 쓴 김승호 회장은 가치와 명분의 중요성을 강조합니다.

> 인간은 가치와 명분에 따라 움직인다. 그 일에 가치를 부여하지 않으면 조직에서 한 부품 같은 구성원으로 추락하며, 동기도 의욕도 욕구도 사멸된다. 이럴 때 이런 사람들을 움직일 수 있는 도구는 급여와 더 많은 급여뿐이다. 하지만 '왜'에 대한 이해와 공감이 들어가는 순간, 이 조직은 위대한 조직이 된다.
> — 김승호, 《알면서도 알지 못하는 것들》

대의명분과 철학은 우리가 어디로 가야 하는지 알려주는 판단 기준이 됩니다. 우리가 추구하는 게 무엇인지, 무엇을 위해 노력하는지, 어떤 회사인지 공유할 수 있는 철학이 필요한 이유입니다. 말 위에서 나라를 세울 순 있지만, 그 나라를 지켜내는 것은 함께하는 사람들이 공유하는 생각, 철학입니다.

일론 머스크에게 배우는
사업가의 용기

활동적 삶

자연이 제공하는 쾌락에 만족하는 자, 그는 동물처럼 살다
가 죽는 자다.
— 한나 아렌트

생명과 삶은 다릅니다. 생명은 생존과 관련이 있고, 삶은 활동
과 관련이 있습니다. 배부르게 먹고 마신다고 좋은 삶은 아니죠.
좋은 삶은 자신을 드러내고 실현하는 것입니다. 한나 아렌트는
이를 '활동적 삶'이라고 부릅니다.

활동적 삶의 조건은 무엇일까요? 정치입니다. 정치는 사람과
사람 사이에서 말과 행위가 펼쳐지는 장(場)입니다. 우리는 다른

사람들과 이야기하고 특별한 행동을 해서 자신을 드러냅니다. 아리스토텔레스가 말하는 '정치적 삶(bios politikos)'이죠. 정치는 힘이나 폭력이 아니라, 말과 설득으로 참여하고 결정함을 뜻합니다. 필연적으로 말이 중요해지죠. 정치적 동물은 언어적 동물일 수밖에 없습니다.

사적 영역과 공적 영역

인간은 먹기 위해 살지 않습니다. 그 이상이 필요합니다. 그것이 활동입니다. 인간은 자기 목표를 실현하려고 합니다. 목표를 이루려면 활동이 필요하죠. 그것이 정치입니다. 정치를 뉴스에 나오는 정치권 이야기로 오해하지 않았으면 합니다. 자기 의지에 따라 살아가려는 활동이 정치입니다.

인간은 생명입니다. 생명으로 살기 위해 노동을 해야 합니다. 사냥하거나 농사짓거나 사무실에 출근해서 일하죠. 노동은 사적 영역에 해당합니다. 한마디로 가정이죠. 가정은 우리가 정치적 활동을 할 수 있는 바탕을 제공하는 곳입니다. 고대 그리스에서는 사적 영역과 공적 영역이 명확하게 분리됐습니다. 공적 영역은 말과 행위를 통해 자신을 드러내고, 사회문제를 해결하는 데 참여하는 활동으로 구성됩니다.

사적 영역에는 타인이 없습니다. 가족은 타인이 아닙니다. 타인이 없다면 자기를 드러내고 인격을 닦고 활동적으로 살기는 불가능합니다. 고대 그리스인은 사적 영역을 지독하게 무시했습니다. 그 영역은 노예에게 맡겼죠. 먹고 자는 일은 동물도 합니다. 우리는 먹고 자는 것보다 중요한 일을 하는 인간입니다. 먹고 자는 일에만 매달리면 동물과 같습니다.

이런 이야기에 반감이 생길 수도 있습니다. 경제적 어려움으로 고통받는 사람들의 상황을 모르고 하는 소리라는 반박입니다. 하지만 먹고살기 어렵다고 활동적 삶이 불가능한 것은 아닙니다. 활동적 삶이 없기에 먹고살기 어려워진다고 볼 수도 있습니다. 내가 활동적으로 산다면 내 개성과 실력과 인격을 드러낼 테고, 그것은 새로운 기회를 만들어낼 것입니다. 가난하기 때문에 활동적 삶이 불가능한 것이 아니라, 활동적으로 살지 않기 때문에 가난할 수 있죠. 사회구조적 요인까지 거론하면 좀 복잡해지겠지만, 한나 아렌트가 강조하는 점이 인간의 활동성임을 기억할 필요가 있습니다.

고대인에게 사적 영역, 가정이나 생존에 치우친 삶은 중요한 것이 박탈당한 상태를 의미했습니다. 당시 노예나 외국인, 여성은 공적 영역에 참여할 수 없었습니다. 공적 영역이 없는 사람은 완전한 인간이 아니었죠. 그들에게 사적 영역은 백치 같은 삶이고, 공적인 삶의 어려움에서 잠시 피해 쉴 수 있다는 의미일 뿐입니다. 개인과 가정의 행복을 중요시하는 현대인에게 이런 생각은 이상하게 들릴 수 있습니다. 왜 우리는 가정이나 사생활을 가장 중요하게 생각할까요? 사적 영역이 그만큼 풍요로워졌기 때문입니다. 혼자서도 즐길 거리가 많죠.

돈 걱정 없이 혼자 차를 마시고, TV를 보거나 쇼핑하러 다닌다고 해서 좋은 삶은 아닙니다. 얼마 견디지 못하고 친구에게 연락하거나 도전할 일을 찾아 나설 겁니다. 문명이 발달함에 따라 사적 영역이 풍요로워졌지만, 인간에게 활동적 삶을 위한 정치적 공간은 여전히 중요하고 필수적입니다.

삶을 살아 있는 것으로 만드는 창조적 행위, 용기

아킬레우스는 그리스신화의 영웅입니다. 그는 트로이전쟁에 참전하면서 전쟁에 나가면 죽을 것이라는 신탁을 받습니다. 어머니 테티스 여신이 헥토르를 죽이면 너도 죽을 거라고 경고하지만 아랑곳하지 않습니다. 친구의 복수를 하지 않는 것은 명예를 저버리는 일이기 때문에, 설사 자신이 죽는다 해도 그만두지 않겠다고 합니다. 아킬레우스는 결국 친구의 복수를 하고 독화살에 쓰러지죠. 그를 영웅이라고 부르는 것은 싸움을 잘해서가 아닙니다. 보통 사람은 발휘할 수 없는 용기를 냈기 때문이죠.

소크라테스는 자기 잘못을 시인하고 용서를 빌면 목숨을 지킬 수 있었습니다. 하지만 아테네의 등에가 되어 사람들에게 옳은 소리를 하는 것이 신이 자신에게 내린 역할임을 믿으며, 죽는다 해도 자기 행동을 후회하거나 잘못을 인정하지 않을 거라고 말합니다. 사형선고를 받은 뒤 탈출할 기회가 있었지만 독배를 마시고 죽죠. 소크라테스가 성인으로 추앙받는 것은 죽음에 직면한 때의 용기 때문입니다.

고대 그리스 시민에게 가장 중요한 덕목은 용기입니다. 공적 영역에서 살아가기 위해 가장 필요한 것이기 때문입니다. 공적 영역은 사회와 국가의 문제를 논의하고, 그 과정에서 자신의 힘을 발휘하는 곳입니다. 모험과 영광이 기다리는 그곳에선 자신의 탁월성을 발휘해 세상에 필요한 일을 해내야 합니다. 개인적인 편안함이나 이익, 목숨에 연연해선 안 되죠. 이때 용기가 중요합니다. 정치적 영역에 들어가고자 하는 자는 자기 생명을 버릴 준비가 돼야 했죠. 용기 있는 사람만이 정치적 공동체에 소속될 수 있고, 그때 동물적 삶을 넘어 활동적인 인간의 삶이 가능했습니다. 예나 지금이나 자기실현에는 엄청난 위험이 도사리죠.

> 생명에 대한 지나친 사랑은 자유에 방해가 되며, 노예성의 확실한 표시다.
> ― 한나 아렌트, 《인간의 조건》

자신의 생명에 집착하면 자유로울 수 없습니다. 자신의 이익에 매달리면 타인의 눈치를 볼 수밖에 없죠. 개인의 삶을 넘어설 때 중요한 것이 보입니다. 자기 것에 집착하는 사람은 소인입니다. 소인에게 공적 영역의 중요한 역할을 맡길 사람은 없습니다.

고대인의 생각은 우리에게 일과 삶에 대한 통찰력을 제공합니다. '먹고살기 위해서 사업하지 마라.' '더 큰 삶을 위한 일과 인생의 철학을 갖춰라.'

동물도 살아가기 위해 노동합니다. 풀을 뜯고 사냥을 하죠. 인간도 동물인 이상 기본적인 노동이 필요합니다. 신체를 유지하고 에너지를 생산하기 위해 먹어야 합니다. 이런 노동과 활동적 삶에서 펼쳐지는 영웅적 행위는 다릅니다. 인간은 행위를 통해 자신이 누구인지 보여주고, 인정받고, 자부심을 느낍니다.

좋은 삶이란 생명을 오래, 편안하게 유지하는 삶이 아니라 '살았다'는 느낌과 '해냈다'는 자부심이 있는 삶입니다. 우리는 어제 어질러놓은 방을 오늘 청소하면서 투덜거립니다. 청소는 엄청난 인내가 필요한 일입니다. 이런 일의 수고로움을 우리는 충분히 인정합니다. 하지만 그것은 용기가 아니라 인내죠. 인내는 반복적인 고통을 견디는 힘입니다. 한나 아렌트는 용기를 강조합니다. 인내가 삶을 유지하는 기본 활동이라면, 용기는 삶을 살아 있는 것으로 만드는 창조적 행위이기 때문입니다.

철학이 있는 사업은 존경받는다

일과 사업을 단지 생존 유지 수단으로 본다면, 그는 사적 영역에 머무르는 사람입니다. 이런 사람은 생존할 수 있어도 좋은 삶, 활동적인 삶은 불가능합니다. 왜 스티브 잡스가 존경받고, 일론 머스크가 박수를 받을까요? 그들이 생존을 넘어섰기 때문입니다. 돈이 아깝지 않은 사람은 없습니다. 그들은 돈을 자기 보존을 위해 사용하는 대신 더 큰 일에 투자합니다. 한국을 대표하는 기업인으로 꼽히는 유일한 박사는 독립운동에 헌신했고, 기업을 투명하게 운영했으며, 인재를 양성하는 한편, 기업을 공익을 위한 것으로 만들었습니다.

소유주 각자가 정치적 삶을 영위하는 데 재산을 사용하지 않고 재산을 늘리려고만 한다면, 그는 자신의 자유를 기꺼이 희생하고 자진하여 노예가 될 수밖에 없는 존재, 즉 필연성의 종이 되고자 하는 것과 같다.
— 한나 아렌트, 《인간의 조건》

우리 사회를 대중사회라고 부릅니다. 대중은 자기 생각이 아니라 군중의 생각으로 삽니다. 자기는 생각한다고 하지만 그것이 자기 생각이 아니죠. 그런 점에서 대중사회는 우리의 생각을 마비시키고 인간성을 말살할 위험이 있습니다. 일이나 사업을 돈벌이 수단으로 보게 해서 돈 버는 기계, 사적 영역을 위한 삶에 모든 것을 바치는 AI가 될 수 있습니다. 대중사회는 일을 생존과 개인의 행복만을 위한 것으로 만들고, 진짜 삶을 말살합니다.

우리는 인간이고, 활동적인 삶을 찾고 있으며, 그런 삶을 사는 사람을 응원한다는 점이 다행입니다. 일론 머스크의 시도를 환영하고, 성실하게 납세하는 기업을 응원하며, 환경과 고객의 안전을 위한 일에 앞장서는 곳을 지원합니다. 공적 영역은 사회적·정치적 활동이 이뤄지는 곳입니다. 친구를 만나고, 출근하고, 모임에 참여하는 활동으로 개성을 발휘하는 곳이죠. 사람들이 자발적인 활동을 통해 자신을 보여주고 성장시키고 바꿀 수 있는 유일한 곳입니다. 그런 정치 공동체를 만들고 유지하고 성장시키는 데 많은 에너지와 노력이 필요합니다. 좋은 공동체를 만드는 데 이바지하는 일은 자기 향락을 넘어선 용기가 필요하고, 우리는 그 용기를 발휘함으로써 자기 존재를 증명합니다.

아레테를 위하여

아리스토텔레스는 '인간은 아레테를 실현하기 위해 산다'고 생각했습니다. 아레테는 '덕' '탁월함'이라는 뜻입니다. 우리가 사는 이유는 자기 능력을 최고로 끌어올려 힘과 재능을 실현하는 것입니다. 그때 행복할 수 있다고 믿었습니다. 고대 그리스인은 좋은 삶은 배부른 삶이 아니라, 자신의 탁월함을 발휘하는 상태라고 생각했습니다. 탁월함을 발휘하려면 훈련이 필요하죠. 우리는 자기 역량을 개발하고 성장시켜 뭔가 이루려고 합니다. 그런 노력을 통해 도달할 수 있는 곳이 아레테입니다. 로마인은 탁월성을 비르투스라 불렀습니다. 탁월성을 발휘하는 것이야말로 좋은 삶의 조건이었죠. 덕분에 그들은 죽음을 두려워하지 않고 자신을 필요로 하는 곳에 던질 수 있었습니다.

아레테와 비르투스는 공적 영역에 주어지는 것이고, 공적 영역은 우리가 자기를 실현할 수 있는 유일한 곳입니다. 그 영역을 창조하는 것이 일이고 사업이죠. 한나 아렌트는 인간의 활동을 다음과 같이 말합니다.

> 인간의 모든 활동은 세계에서 자신의 적절한 자리매김을 암시한다.

일과 사업은 내가 세상에 자리매김하는 활동입니다.

3부

통찰력은

어떻게

얻는가

Management
Philosophy

통찰은 어디서
오는가

인터넷 사용을 제한하는 이유

PC를 만들고 스마트폰을 대중화한 스티브 잡스와 컴퓨터 운영체제를 보급한 빌 게이츠는 자식들의 인터넷 사용을 통제했습니다. 사람들에게 인터넷을 퍼뜨린 이들이 정작 자식에게 금하다니 살짝 배신감이 듭니다. 우리도 아이들의 인터넷 사용을 제한하는 상황이니 이해가 가기도 합니다. 공부에 방해가 되기 때문이죠. 정말 그 이유뿐일까요?

스티브 잡스와 빌 게이츠가 인터넷 사용을 제한한 것은 '연결성' 때문입니다. 항상 연결된다는 것은 다른 사람과 떨어지는 경험, 고독할 시간이 없음을 뜻합니다. 고독하지 않은 사람은 자기 생각을 가지기 어렵고, 다른 사람의 생각에 영향을 많이 받습니다. 사람은 무엇을 보고 듣느냐에 따라 생각하는 방향이 달라지죠. 다른 사람의 영향력 아래 있으면 자기 힘으로 생각하고 판단할 기회가 사라집니다. 자기 힘으로 생각하지 않는 사람에게 창의성과 통찰력은 기대할 수 없죠. 그런 점에서 고독은 독창적인 생각이 탄생하는 필수 조건입니다.

문자의 탄생

어느 여름날 길을 가던 소크라테스는 젊은 파이드로스를 발견합니다. "자네, 어디 가는 길인가?"

파이드로스는 오전 내내 리시아스의 에로스에 대한 연설을 들었다고 말합니다. 훌륭한 연설을 외우고 싶어서 그의 말을 되뇌며 걷고 있다고요. 도시의 거리보다 시골길을 걷는 것이 훨씬 상쾌하다며 소크라테스도 동행해주기를 권합니다. 이야기하기 좋아하는 소크라테스가 마다할 리 없죠. 두 사람은 한적한 시골 강변을 따라 걸으며 사랑과 수사학에 관한 토론을 벌입니다. 이런 이야기가 이어지는 책이 플라톤의 《파이드로스》입니다.

파이드로스는 리시아스의 연설에 감탄해, 생각할 시간을 얻으려고 시골길을 찾습니다. 아테네 성벽을 처음 벗어난 소크라테스에게는 익숙지 않은 길이죠. 이것이 두 사람의 차이입니다. 소크라테스는 대화를 통해 지혜를 추구하고, 항상 사람들 사이에 있으려 했습니다. 그가 지식을 얻는 과정에 늘 사람이 있었고, 그들과 논박을 통해 지혜에 이르렀습니다. 파이드로스는 한적한 곳에서 혼자 생각하는 방식을 선호합니다.

소크라테스는 대화하다가 파이드로스의 망토에서 뭔가 발견하죠. 그의 요청에 따라 파이드로스가 꺼낸 것은 리시아스의 연설을 받아 적은 쪽지입니다. 당시 문자는 대화만큼 익숙한 수단이 아니었습니다. 철학은 광장에서 대화를 통해 이뤄지는 '활동'을 의미했으니까요. 문자는 소크라테스를 비롯한 아테네인에게 익숙지 않은 도구였습니다. 파이드로스는 그 익숙지 않은 도구를 감추고 사용한 셈입니다.

소크라테스는 문자가 마음에 들지 않습니다. 그는 문자를 사용하는 사람은 중요한 것을 마음에 새길 필요가 없기에, 스스로 생각하지 않을 위험이 있다고 지적합니다. 대화는 쌍방향이라 서로의 생각을 자극하고 깨달음에 이르도록 돕는데, 문자는 적고 나면 고정돼서 다르게 생각하거나 입장을 바꿀 수 없습니다. 문자는 새로운 생각을 만드는 도구가 아니라, 이미 존재하는 생각을 기록하는 수단에 불과하죠. 소크라테스는 문자에 불편한 심기를 드러냅니다.

문자는 무익하고, 파이드로스는 잘못된 방식을 사용한 걸까요?

파이드로스를 위하여

파이드로스의 선택을 이상하게 생각할 사람은 없습니다. 최소한 우리 시대는 그렇죠. 당시 아테네는 글을 통해 지식을 전파하거나, 문자를 사색의 도구로 활용하는 문화가 없었습니다. 그런 점에서 파이드로스의 방법은 진보적이었습니다. 소크라테스는 문자에 거부반응이 있어 책을 남기지 않았지만, 그의 제자 플라톤은 문자에 긍정적이었다고 봐도 될 겁니다. 여러 사람이 대화하는 형식을 취해, 플라톤의 책을 《대화편》이라고 부릅니다. 스승의 방법을 사용하되, 문자의 힘도 활용할 줄 알았습니다.

파이드로스는 교외로 나가 리시아스의 연설을 적은 쪽지를 읽으며 생각하려 합니다. 이는 지금 우리가 책을 읽고 사색하는 활동과 다르지 않습니다. 스티브 잡스가 선불교 책에 심취해서 참선하는 시간을 보낸 것은 잘 알려진 사실입니다. 빌 게이츠도 책을 끼고 살았고, 휴가철이면 통독할 책을 들고 한적한 곳으로 사라졌습니다. 나이키를 창업한 필 나이트는 사무실에 비밀 서재를 만들어 문자의 향연을 즐겼습니다.

그들은 왜 군중과 떨어져 자기 시간을 가졌을까요? 고독이 필요하기 때문입니다. 고독하지 않으면 생각을 정리하고, 창의적인 아이디어와 혼돈에서 질서를 발견하는 통찰을 얻기 어렵습니다. 일상은 사람들과 그들이 보내는 메시지로 가득합니다. 정보라는 이름으로 그 메시지를 환영하기도 하지만, 알 필요 없고 별 도움이 되지 않는 쓰레기인 경우가 많죠. 정보를 제대로 활용하려면 여러 생각을 연결해야 합니다. 연결의 힘은 잠시 쉬는 틈, 이런저런 생각을 하는 여유 있는 상황에서 발휘됩니다.

이런 이유로 통찰력을 발휘하는 사람들은 군중에서 벗어날 것을 권합니다. 군중과 함께 있으면 그들이 던지는 정보와 감정에 휘말리거든요. 사람들이나 인터넷과 연결된 동안 우리는 외부 지향적일 수밖에 없습니다. 내부에서 자신을 정리하고, 정보를 연결하고 조합할 기회를 얻으려면 고독의 시간이 필요하죠. 바쁜 것이 좋다는 생각은 착각이거나 정신없는 삶에 대한 위로일 뿐입니다. 바쁘면 깊이 생각할 기회와 사람을 돌아볼 여유가 없습니다. 현명한 철학자와 사업가는 일부러 고독을 찾았습니다.

그렇다고 생각만 해선 곤란합니다. 생각의 뿌리에 접근하는 재료가 필요하죠. 그 재료가 책입니다. 현명한 경영자들이 독서에 빠지는 것은 책 속에 생각할 재료가 있기 때문입니다. 책은 단순한 정보와 다릅니다. 정리하고 가다듬은 지식과 통찰이 있습니다. 책 속의 텍스트와 직면한 문제를 연결해 새로운 통찰을 얻습니다. 지식을 익히는 정도를 넘어, 현실의 문제를 해결할 아이디어와 다음 활동에 대한 길을 발견합니다.

책이 왜 이토록 오래 살아남았을까요? 쓸모 있기 때문입니다. 감동을 주고, 자극을 통해 새로운 영역에 뛰어들게 합니다. 책 속의 통찰이 내 경험과 결합해 새로운 대안을 낳고, 문제를 해결할 길을 열어줍니다. 소크라테스는 못마땅하게 여겼지만, 플라톤은 그 힘을 알았기에 자기 생각을 책으로 남겼죠. 플라톤은 그 힘으로 2500년을 살아남아 우리와 대화하고 있습니다.

정보를 다루는 방법

사업가는 문제를 해결할 아이디어나 아이템을 간절히 원합니다. 사람을 만나고 검색하고 정보를 찾아다닙니다. 인터넷은 그런 활동을 위해 편리한 장치를 갖췄습니다. 하지만 정보를 쉽게 찾고 다양하게 접근할 수 있다는 점이 꼭 좋은 결과로 이어지진 않습니다. 지나치게 많은 정보가 통찰에 방해가 될 수 있거든요.

읽어야 할 책이 많으면 대충 읽게 마련입니다. 읽을 책이 한 권뿐이면 천천히 음미하죠. 재미없는 책도 음미하면 다르게 읽힙니다. 그냥 넘어갔을 법한 내용을 다시 보고, 새로운 연관성도 발견합니다. 그러다 '이거다' 싶은 순간이 옵니다. 정보든 책이든 음미할 수 있느냐가 중요합니다. 그래서 고독의 시간이 필요하죠.

독서는 생각할 거리를 제공하고, 오랫동안 음미하게 합니다. 책을 읽다가 멈추고 그 부분을 다시 읽는 사람의 모습을 떠올려보세요. 그는 단순히 읽는 것을 넘어 감탄하고 곱씹고 사색하고 음미하며 머릿속에서 새로운 세계를 만들죠. 자기 생각을 만들고, 자기 세계를 구축합니다.

소크라테스도 문자에 대해 이해하지 못했을 뿐, 대화로 생각할 기회를 얻었고 진리에 접근했습니다. 그도 혼자 있을 때는 사색했습니다. "음미하지 않는 삶은 가치가 없다"고 말하기도 했죠. 자기 삶을 돌아보는 성찰이 필요함을 강조한 겁니다. 우리에겐 음미와 성찰을 위한 골방이 필요한지도 모릅니다.

그대는 골방을 가졌는가?
이 세상의 소리가 들리지 않는
이 세상의 냄새가 들어오지 않는
은밀한 골방을 그대는 가졌는가?

(…)

그대 맘의 네 문 밀밀히 닫고
세상 소리와 냄새 다 끊어버린 후
밝은 등잔 하나 가만히 밝혀만 놓면
극진하신 님의 꿀 같은 속삭임을 들을 수 있네
— 함석헌, 〈그대는 골방을 가졌는가〉

고독의 영광

인간은 혼란스러운 세상에서 질서를 발견하려 합니다. 이를 위해 정보를 찾습니다. 정보는 어떤 내용을 품고 있습니다. 그 내용을 모으면 경향이 발견되죠. 경향을 종합하면 일정한 법칙을 알 수 있습니다. 법칙은 곧 지식이 됩니다. 이때 지식이 고정불변하는 것이면 진리라고 부를 수 있죠. 이것이 철학의 과정입니다.

사업가도 정보를 읽고 법칙을 발견해서 활용하려 합니다. 철학자와 사업가는 정보를 통해 그 속의 법칙을 찾아간다는 점에서 같습니다. 정보 얻기와 흡수하고 활용하기는 다르다는 게 문제입니다. 그래서 좋은 정보를 가려내고, 연결하고, 현실에 활용 가능한 것으로 치환하는 힘, 통찰이 중요합니다. 이를 위해 고독이 필요하죠. 생각할 거리를 들고 고독으로 들어가 내면에서 어슬렁거리는 시간은 창조적 활동입니다. 철학자 폴 틸리히는 자발적으로 선택한 고독을 다음과 같이 표현합니다.

외로움은 홀로 있는 고통을 표현하기 위한 말이고, 고독은 혼자 있는 영광을 표현하기 위한 말이다.

사장이 되려면
사장의 위치로 가라

만수르의 발가락

"억만장자 만수르의 발가락을 빨면 1억을 준다. 당신은 할 것인가, 말 것인가?" 인터넷에 올라온 재미있는 조사에 사람들이 어떤 반응을 보였을까요?

- 벌써 침이 고이네
- 왜 만수르는 발가락이 10개밖에 없죠?
- 다른 곳도 가능
- 제가 바로 인간 닥터피시예요

대부분 하겠다고 합니다. 큰돈을 번다면 더러움과 불쾌함은 참을 수 있다는 거죠. 발가락이 아니라 똥이라면 어떨까요? 궁금합니다. 아마⋯.

세 차선

> 경제적 자유를 누리기 위해 인도를 뚜벅뚜벅 걷는 사람과 서행 차선에서 적당히 달리는 사람을 모두 앞지르는 부의 추월차선에 서둘러 올라타야 한다.
> — 엠제이 드마코, 《부의 추월차선》

세 차선이 있습니다. 인도, 서행 차선, 추월차선입니다. 인도는 가난을 만드는 지도입니다. 서행 차선은 평범한 삶을 위한 지도죠. 추월차선은 부자를 만드는 지도입니다. 우리는 어떤 지도, 즉 세계관을 가지고 살아갑니다. 과거에는 인도와 서행 차선이 좋다고 배웠습니다. 성실하게 일하고 평범한 삶이면 괜찮다고 믿었으니까요. 이제 그런 삶은 고단하고 힘겨운, 서민의 삶이 됐습니다. 자식에게 가난을 물려주고 싶은 사람은 없죠.

엠제이 드마코는 '월급 노예'에서 벗어나 사업이나 투자를 통해 부의 추월차선에 들어서라고 주장합니다. 만수르의 발가락을 빨겠다는 마음도 지긋지긋한 가난과 원치 않는 반복적 노동에서 벗어나고 싶기 때문입니다.

우리나라는 저성장기에 접어들었습니다. 개천에서 용이 날 수 없는 시대죠. 부자는 계속 부자고, 빈자는 빈곤에서 벗어나기 어렵습니다. 개인이 부를 축적할 기회는 점점 줄어듭니다. 근면과 성실은 훌륭한 덕목에서 제외된 지 오래입니다. 독특함, 개성, 도전이 인정받는 시대죠. '영끌'로 아파트를 마련하고, '동학 개미'가 돼서 주식에 희망을 거는 이유도 이런 시대적 상황 때문입니다. 우리는 희망 없는 차선에서 부의 추월차선으로 내몰리고 있습니다.

추월차선이 만만찮다는 게 문제입니다. 자칫 큰 사고를 당할 수도, 죽을 수도 있는 곳이죠. 사업과 투자는 해본 사람이 잘합니다. 투자도 돈과 경험이 있어야 합니다. 남이 한다고 따라 하다가 '폭망'하는 경우가 많은 것도 이 때문입니다.

내 생각은 내 것이 아니다

페르디낭 드 소쉬르는 언어학자입니다. 철학은 그를 구조주의적 사유에 큰 영향을 미친 인물로 기억합니다. 구조주의는 우리가 어떤 구조 속에 살며, 그 구조가 우리의 생각과 행동을 결정한다는 것으로 요약됩니다. 내 생각이 내 것이 아니라 우리 사회와 구조의 것이라는 말이죠.

나라마다 다른 언어를 사용합니다. 한국어와 영어와 독일어는 다르죠. '나'와 'I'와 'Ich'는 같은 뜻이지만, 단어는 다릅니다. 인간은 사물에 이름을 붙입니다. 어떤 이름을 붙일지는 각 사회의 선택, 한마디로 우연이죠. 우리는 '개'라고 부르지만, 영어권에서는 'dog', 독일에서는 'hund'입니다. 사물에 이름을 붙이는 것은 이유가 따로 없습니다. 우연히 붙였고, 우리는 그것을 배우고 살아갑니다.

단어가 모이면 문장이 되고 말이 됩니다. 이때 단어의 뜻은 문장에서 어떤 위치를 차지하느냐, 어떤 상황에서 사용하느냐에 따라 달라집니다. 소쉬르는 단어에 고정된 뜻이 있지 않음을 지적합니다. 사물의 의미는 고정된 것이 아니라, 사회적 상황과 처한 위치에 따라 달라집니다.

'그는 개 같은 사람이다.'

이 말은 상황에 따라 다르게 이해됩니다. 예의와 염치를 모르는 사람이라는 뜻일 수도, 주인을 잘 따르는 충성스러운 사람이라는 뜻일 수도 있습니다. 개라는 단어가 상황에 따라 뜻이 달라진다는 게 중요합니다.

'개 같은 인생을 살았습니다.'

'따스한 햇볕을 받으며 잠든 개의 모습이었습니다.'

두 문장에서 '개'라는 단어는 전혀 다른 의미로 이해됩니다. 주어진 상황이나 문장에서 단어가 차지하는 위치에 따라 전혀 다른 뜻이 될 수 있습니다. 단어의 의미가 주변의 관계에 따라 달라질 수 있음은 상황이 주인임을 뜻합니다. 사물의 의미는 그 사물이 위치한 구조에 따라 결정된다는 거죠.

단어만 그런 것이 아닙니다. '인간'의 의미도 사회적 관계, 즉 구조에 따라 결정됩니다. '직장맘'이 있습니다. 직장에 가면 직장인이고, 집에 오면 엄마입니다. 마트에 가면 고객이 됩니다. '나' 혹은 '인간'은 그가 속한 상황, 사회구조에 따라 의미가 달라집니다.

마르크스는 이를 "사회적 존재가 사회적 의식을 결정한다"고 합니다. 사회적 존재란 우리가 속한 사회적 위치를 말하죠. 우리가 속한 위치가 생각을 결정한다는 뜻입니다. 고객은 자기 입장에서 생각합니다. '음식이 왜 빨리 안 나오나' '값이 왜 이렇게 비싼가' 하는 것이 고객의 생각입니다. 그가 주인이 되면 어떨까요? '손님들 성격이 너무 급하다' '재료비가 올랐으니 값이 오르는 것은 당연하다'고 생각합니다.

봉이 김선달이 길을 가다가 생리적 위기를 맞았습니다. 눈에 보이는 집 문을 두드려 뒷간 좀 쓰자고 했습니다. 주인 아낙이 혼자 있다며 안 된다는 걸 닷 냥을 주겠다니까 들어오라고 합니다. 뒷간에서 볼일을 보자니 슬슬 본전 생각이 났습니다. 그때 주인 아낙이 빨리 나오라고 다그칩니다. 바깥양반 올 때가 됐으니 그만 가라고요. 김선달 특유의 배짱이 나옵니다. 볼일이 멀었다고 합니다. 아낙은 마음이 점점 급해집니다. 이러다 남편이 오해할 수 있겠다 싶었죠. 닷 냥을 돌려주겠다고 합니다. 김선달은 볼일이 아직 남았다고 합니다. 아낙이 열 냥을 주겠다고 합니다. 열 냥을 받은 김선달이 유유히 길을 떠납니다.

화장실 갈 때 마음과 나올 때 마음은 다릅니다. 인간은 자신이 처한 상황, 구조에 따라 생각이 바뀝니다. 학생은 교수 마음을 모르고, 사원은 사장 마음을 모르고, 주인은 손님 마음을 모릅니다. 입장 바꿔 생각하기가 쉽지 않습니다. 이것이 구조주의입니다. 우리 생각은 주어진 구조에서 자유로울 수 없습니다.

돈의 배치

구조주의는 새로운 생각에 이르는 방법을 알려줍니다. 그 방법은 지금 여기가 아니라 다른 곳으로 가는 겁니다. 나를 다른 곳에 배치하면 생각이 바뀔 테니까요.

인생의 목적은 다수의 편에 서는 게 아니라, 정신 나간 사람들 사이에서 벗어나는 것이다.
— 마르쿠스 아우렐리우스

로마의 황제이자 철학자 마르쿠스 아우렐리우스는 다수, 정신 나간 사람들 사이에서 벗어나라고 합니다. 익숙한 사람, 투덜대는 사람, 대중에게서 다른 곳으로 가라는 말이죠. 대중과 함께 있으면 비슷한 생각을 할 수밖에 없습니다. 추종자가 될지언정 선구자는 못 됩니다.

김승호 회장은 《돈의 속성》으로 유명하죠. 이 책에서 '돈은 인격체'라는 대목이 인상 깊습니다. 돈은 사람처럼 움직이기 때문에 함부로 대하면 안 되고, 소중하게 대하면서 함께 사는 법을 배워야 한다고요.

> 돈을 너무 사랑해서 집 안에 가둬놓으면 기회만 있으면 나가려고 할 것이고 다른 돈에게 주인이 구두쇠니 오지 말라고 할 것이다. 자신을 존중해주지 않는 사람을 부자가 되게 하는 데 협조도 하지 않는다. 가치 있는 곳과 좋은 일에 쓰인 돈은 그 대우에 감동해 다시 다른 돈을 데리고 주인을 찾을 것이고, 술집이나 도박에 자신을 사용하면 비참한 마음에 등을 돌릴 것이다.

저는 이 말이 '돈은 어디에 배치하느냐에 따라 의미가 달라진다'는 의미로 들렸습니다. 같은 돈이라도 상황과 장소에 따라 역할과 가치가 달라지니까요. 술집에서 쓴 10만 원, 어머니 용돈으로 보내드린 10만 원, 음악을 들으려고 구매한 헤드폰 값 10만 원은 의미가 다릅니다. 게다가 돈은 적금 통장에 두느냐, 삼성전자 주식에 두느냐, 목동 아파트에 두느냐에 따라 다른 결과를 가져옵니다. 그걸 투자라고 하죠. 배치에 따라 의미가 달라질 뿐 아니라, 두는 곳에 따라 결과도 달라집니다.

김승호 회장이 '사장학교'를 열었는데, 1만 명이 넘는 사람이 여기 와서 공부했습니다. 저는 사장학교에서 돈과 사업에 대해 배운 내용보다 자기를 어디에 둬야 하는지 알았다는 점이 중요하다고 생각합니다. 내가 어디에 있어야 하는지, 어디로 가야 하는지 아는 것은 자신을 배치할 줄 아는 것이니까요. 사장학교에 가면 사장의 마인드가 생깁니다.

사업가는 새로운 생각을 해야 합니다. 새로운 생각을 하기 위해 인터넷과 책을 뒤지고 사람을 만납니다. 이런 활동이 전부 자기를 배치하는 과정이죠. 날마다 비슷한 사이트와 같은 분야 책을 보면 생각은 현 상태에 머물고 맙니다. 낯선 곳, 낯선 사람 사이에 나를 두면 새로운 생각을 얻을 수 있습니다. 자기 계발서에서 '성공하고 싶으면 성공한 사람 곁으로 가라'고 하는 이유가 이 때문입니다.

네 번째 차선

세 차선 가운데 어느 것을 선택해야 할까요? 사람들은 너나없이 추월차선을 선택합니다. 사실 이것은 셋 중 하나를 선택하는 문제가 아닐 수도 있습니다. 셋 중 하나를 선택할 이유가 없습니다. 네 번째 차선을 만들면 됩니다. 나만의 차선이죠. 세상이 만든 길 대신 내가 만든 길을 가면 차선은 크게 중요하지 않습니다. 내가 차선의 설계자가 되면, 차들이 내 뒤를 따르기 시작하죠. 벌써 뒤를 따르는 차들이 보이는군요.

스티브 잡스는 왜 소크라테스와
점심을 먹으려고 했을까?

소크라테스와 질문

"소크라테스와 점심 한 끼를 할 수 있다면 애플의 모든 기술을 포기해도 좋다."

스티브 잡스는 왜 애플의 중요한 기술을 소크라테스와 먹는 점심 한 끼와 바꿔도 좋다고 했을까요? 정확히 알 수 없지만, 철학과 관련이 있다는 건 분명합니다. 스티브 잡스는 인문학과 철학을 강조한 사람이니까요. 우리 사회에 인문학이 유행하는 데 결정적인 역할을 한 사람도 스티브 잡스입니다.

소크라테스의 어떤 점이 스티브 잡스를 사로잡았을까요? 철학의 핵심, 바로 질문의 힘이었을 겁니다. 소크라테스는 누구보다 질문을 잘했고, 그 힘으로 고대 아테네를 뒤흔들었습니다.

　사람은 생각합니다. 생각의 시작이 질문이죠. 어떻게 질문하느냐에 따라 생각의 폭과 깊이, 수준이 달라집니다. 질문을 잘하면 문제를 전혀 다른 관점에서 파악할 수 있습니다. 문제를 재정의하는 거죠. 오랫동안 자기 계발을 해도 소용없는 것은 문제를 재정의하는 힘을 얻지 못했기 때문입니다. 항상 같은 관점에서 문제를 보고 그 대안을 찾아내는 방식은 소모적입니다. 문제를 새로운 관점으로 볼 때 통찰력이 생깁니다. 철학은 문제를 재정의하고, 이를 통해 통찰력을 끌어냅니다. 그 방법이 질문이고, 소크라테스는 질문을 가장 잘 다룬 사람이죠.

질문의 기술

"살아가는 데 가장 중요한 능력이 뭐라고 생각하는가?"

"지혜입니다."

"지혜란 무엇인가?"

"문제를 해결하는 능력입니다."

"문제를 해결하려면 무엇을 해야 하는가?"

"여러 가지 해결책을 생각할 수 있어야 합니다."

"근본적인 해결책은 어떻게 찾을 수 있는가?"

"문제가 시작된 이유를 찾으면 됩니다."

"그것을 어떻게 찾을 수 있는가?"

"과거를 돌아보면 됩니다. 일이 일어나는 순서를 살펴보면 문제의 핵심을 알 수 있으니까요. 선생님, 질문에 대답하다 보니 새로운 깨달음을 얻었습니다. 문제를 풀려면 과거를 돌아보고 자기를 성찰해야 한다는 것입니다."

소크라테스식 질문법을 상상으로 구성해봤습니다. 질문하고 대답하는 과정에서 새로운 인식에 도달하게 하죠. 산파처럼 새로운 깨달음을 낳게 한다는 점에서 산파술이라고 부릅니다. 질문은 대답을 모색하고 새로운 생각을 떠올리게 합니다. 이것이 질문의 힘이죠. 철학은 질문을 다루는 학문입니다.

아이가 공부를 안 해서 걱정인 부모가 있습니다. 학원을 바꿔볼까, 스마트폰을 없앨까, 동기부여를 해볼까 여러 방법을 고민합니다. 이런 생각은 평범한 결론으로 이어집니다. 반면 '왜 공부를 해야 할까?' 같은 질문은 전혀 다른 결론에 도달하게 하죠. 아이가 공부를 잘해야 한다는 생각 자체에 의문을 품어, 지금 상황을 달리 보게 합니다. '우리 아이한테 필요한 건 공부가 아니야'라는 결론에 이를 수도 있습니다.

매출이 떨어져 고민인 회사가 있습니다. 경쟁이 심해져서, 고객의 취향이 바뀌어서, 제품에 문제가 있어서 등 원인을 찾겠죠.

그다음에는 대안을 내놓을 겁니다. 값을 내리거나, 홍보 방법을 바꾸거나, 불량을 줄이는 방법 등이 있습니다. 이때 산파술을 사용하는 사람은 '왜 제품을 만들지?' '왜 사업을 하지?' 등 스스로 질문하며 다른 차원의 인식에 도달할 수 있습니다. 차원이 다른 질문은 문제를 낯설게 하고, 새로이 바라보게 합니다. 대안을 찾기 전에 문제를 재정의하는 것이야말로 철학의 힘이자 공부하는 이유입니다.

마인드가 다른 사람

사람들은 우리가 무엇을 만드는지 보고 구매를 결정하는 게 아니라, 왜 만드는지 보고 결정한다.

사이먼 사이넥은 《나는 왜 이 일을 하는가?》에서 질문이 경영과 생활에 미치는 힘에 대해 매력적인 이야기를 합니다. 그는 'why'라는 질문을 강조하죠. '이 일을 왜 하는가?' '제품을 왜 만드는가?' 같은 질문을 해야 한다는 겁니다. 사람들이 나 혹은 우리 회사 제품을 구매하는 이유는 제품이 뛰어나서가 아니라, 제품을 만드는 철학에 동의하기 때문이라는 겁니다. 이런 주장은 기술 수준이 비슷해지면서 기능보다 이미지 같은 추상적 가치가 중요해진 사회 환경 때문에 힘을 얻고 있습니다. 애플, 삼성, LG가 만든 스마트폰을 사용해보면 성능에 큰 차이가 없습니다. 성패는 그 기업의 매력에 달렸죠.

사이먼 사이넥은 '무엇을 만들까?'보다 먼저 '왜 하는가?' 질문해야 한다고 말합니다. 'why'는 목적이나 존재 이유를 밝히는 철학적 질문입니다. 이에 대답할 때, 철학 있는 사람과 기업이 될 수 있습니다. 그 철학을 공유하는 사람들이 함께 일하고, 그 철학에 동의하는 사람들이 제품을 구매하겠죠. 애플은 "우리는 다른 가치를 추구합니다. 그래서 이런 제품을 만들었습니다"라고 말합니다. 애플 제품을 사용하는 사람들은 그들이 추구하는 가치에 동의하는 이들입니다. 당연히 충성심 높은 고객이 되겠죠.

평범한 사람들은 'what'을 질문합니다. 먼저 '뭘 만들까?' '뭘 할까?' 생각하는 겁니다. '우리가 뛰어난 제품을 만들었습니다. 디자인도 예쁜데 구매하시죠'라는 식입니다. 청소년이 종전의 직업 중 하나를 선택하는 것, 대학생이 여러 기업 중 하나를 선택하는 것, 퇴직을 앞둔 직장인이 여러 프랜차이즈 가운데 하나를 고르는 것입니다. 익숙한 방식이죠. 이런 방식은 철학이나 가치가 아니라 제품에 집중하게 만듭니다. 제품만 눈에 보이기 때문에 고객은 언제든 다른 제품을 찾아 떠날 수 있습니다.

괴츠 베르너는 《철학이 있는 기업》에서 장수 기업의 성장 비결을 설명하며 '왜, 무엇을 위해 그 일을 하는가?' 질문해야 한다고 말합니다. '어떻게 해야 돈을 벌지?' '어떻게 해야 문제가 해결되지?' 대신 '왜 하는가?'라는 질문이 필요하다고요.

> 우리는 대부분 노하우(know-how)에 집중하지만, 노와이(know-why)가 훨씬 중요하다. 노와이를 묻는 사람은 예산이나 이익이 아니라, 사업의 목표와 의미에 몰두한다. 그런 기업에서 이뤄지는 모든 논의와 대화는 차원이 다르다.

우리는 만들어진 지식이나 경험을 통해 세상을 이해합니다. 이런 방식은 편하지만, 종전의 관점에서 벗어나기 어렵습니다. 새로운 질문은 논의와 대화의 차원을 바꿉니다. 전혀 새로운 인식에 도달하게 하고, 차원 높은 논의를 불러옵니다. 괴츠 베르너는 장수하는 기업은 이런 질문을 던졌고, 자기 가치를 추구해왔다고 분석합니다.

자주 다니는 작은 식당이 있습니다. 이곳은 손님을 대하는 태도가 다릅니다. 친절하고 따뜻한 분위기에서 편하게 밥 먹을 수 있습니다. 그래서인지 손님이 많습니다. 장사가 잘되니 신이 나서 친절하다고 말하는 사람도 있겠지만, 저는 그렇게 생각하지 않습니다. 장사가 잘되나 불친절한 곳도 많으니까요. 이 집은 주인의 철학이 다릅니다. 몇 마디 말을 건네보면 바로 알 수 있습니다. 주인은 일이 소중하다는 걸 압니다. 단지 먹고살기 위해 장사하는 게 아니라, 일이 의미 있고 소중하기에 음식을 만듭니다. 이런 생각 때문에 친절하고 따뜻합니다. 이 집의 철학이 손님을 부릅니다.

이런 경우는 주위에서 얼마든지 찾아볼 수 있습니다. 좋아하는 사람, 끌리는 사람 두세 명만 떠올려보십시오. 보통 사람과 다른 생각, 자기 철학이 있을 겁니다. 그 때문에 그들의 말과 행동이 내게 매력으로 다가옵니다. 흔히 마인드가 다르다고 하죠. 우리는 자신의 철학에 동의하는 사람과 친구가 된다는 것을 알고 있습니다. 내가 가진 철학이 무엇이냐가 문제입니다.

고객에서 인간으로

철학을 공부하는 이유 중 하나는 관점의 변화와 관련이 있습니다. 살아가다 부딪히는 문제에 대응하는 방식을 바꾸려면 새로운 철학이 필요합니다. 그때 문제를 다르게 보고, 창의적으로 풀어갈 수 있습니다. 지금 철학의 중요성이 되살아나는 것은 시대가 철학을 요구하기 때문입니다. 경영 기법을 통한 문제 해결이 한계에 달하고, 기업 간 기술 수준이 비슷해진 시점에 기업은 인문학을 눈여겨봤죠.

인문학은 인간이 어떤 존재인지 들여다봅니다. 인문학은 사람을 고객으로 대하던 기업이 인간의 관점이라는 더 큰 차원으로 인식을 전환하는 계기가 됐습니다. '고객이 원하는 것이 무엇인가?' 묻던 기업이 '인간은 어떤 존재인가?' 질문하기 시작했죠. 그 선두에 선 사람이 스티브 잡스였고, 소크라테스와 한 끼 식사는 이런 맥락에서 이해할 수 있습니다.

소크라테스는 책을 남기지 않았습니다. 그에 관한 이야기는 모두 플라톤이나 크세노폰 같은 제자들이 남긴 것입니다. 소크라테스는 질문하는 사람이지, 이론을 주장하는 사람이 아닙니다. 질문을 통해 세상을 알아가고 문제에 접근하면 되기에, 이론으로 만들 이유가 없습니다. 이론을 만들면 거기 갇혀 문제를 새롭게 보지 못할 수도 있으니까요.

철학을 배우는 사람들은 이론적 지식을 갈구합니다. 플라톤의 문장을 익히고, 마르크스의 말을 외우고, 들뢰즈의 이론을 도식화합니다. 그것으로 세상을 이해할 수 있다고 믿죠. 이런 우리에게 소크라테스는 지식을 전혀 다른 관점에서 보라고 권합니다. 아는 지식, 익숙한 관점 대신 새롭고 차원 높은 눈으로 보라는 말입니다. 그 방법이 질문이고, 질문의 힘을 얻는 것이 우리가 철학을 하는 이유입니다.

왜 생각을
생각해야 하는가

생각을 생각해야 하는 이유

"내 생각엔 말이야"라는 말을 자주 합니다. '나는 생각이 있다' '내 생각은 독특하고 훌륭하다'는 걸 강조하기 위해서죠. 듣다 보면 이런 생각이 듭니다. '별로 독특하지 않은데?' '과연 그게 자기 생각일까?' 나는 다르다는 걸 드러내고 싶어서 한 말이지만 어디서 들은 말입니다.

프랑스의 정신분석학자 자크 라캉은 욕망 이론으로 널리 알려졌습니다. 그는 인간의 욕망을 '인정 욕망'이라고 말합니다. 인간은 동물과 달리 부모의 보호를 받아야 생존할 수 있습니다. 동물은 태어나자마자 걷지만, 인간은 그렇지 못합니다. 독립하려면 20년 이상 걸리죠. 인간은 생존을 위해 부모의 눈치를 볼 수밖에 없는 존재입니다. 부모뿐만 아니라 친구, 선생님, 교수님, 부장님과 사장님의 눈치를 봅니다. 타인에게 인정받기 위해 온갖 노력을 하는 것이 인간이죠. 인간의 욕망은 '타자의 욕망'입니다.

인간은 사회생활을 하기에 다른 인간의 영향을 받습니다. 엄마가 공무원이 좋다면 그런 줄 압니다. 세상 사람들이 학벌이 중요하다면 좋은 학벌이 필요하다고 생각합니다. 선생님이 공산주의는 악하다고 하면 그렇게 믿습니다. 우리가 경험하는 교육은 어떤 사람, 어떤 집단, 어떤 힘의 주장을 받아들이는 과정입니다. 지식이라는 이름으로, 훈육이라는 명분으로 포장하지만, 본질은 생각의 주입이죠. 푸코의 말처럼 지식은 권력입니다.

우리는 다른 사람의 생각과 사상을 주입받고, 그 방식대로 생각합니다. 자각하지 못할 뿐이죠. 시인 폴 발레리가 "생각하는 대로 살지 않으면 사는 대로 생각하게 된다"고 했는데, 사는 대로 생각한다는 말이 이런 뜻입니다. 남들이 만든 세상에서, 그들의 생각에 따르며 사는 거죠.

가끔 남과 다른 생각을 하고 싶어서 책을 보지만, 별로 나아지는 게 없습니다. 왜 그럴까요? '생각하기'에 익숙지 않기 때문입니다. 받아들이기는 잘하는데, 스스로 생각하기는 어려워합니다. 생각을 연습해본 적이 별로 없죠. 생각을 생각해야 하는 이유가 여기 있습니다.

생각하는 방법을 바꾸는 법

생각하는 능력은 지식의 양과 비례하지 않습니다. 학력이 높고 책을 많이 읽어도 생각이 평범한 수준에 머무는 경우를 쉽게 찾아볼 수 있습니다. 칸트는 "철학은 가르칠 수 있지만, 철학 함은 가르칠 수 없다"고 했죠. 그가 말하는 철학은 지식입니다. 철학 함은 사고하는 방법, 활동적인 생각이고요. 내면에서 일어나는 생각 활동을 가르치기는 불가능합니다. 생각을 설명하기는 무척 어려운 일이고, 설명하는 순간 지식이 됩니다. 생각이 출렁이는 파도라면, 지식은 그 파도를 찍은 사진입니다. 사람들은 사진을 원하는 것 같습니다. 우리는 사진이 아니라 파도를 느끼고, 파도의 힘을 얻고, 파도가 되는 것이 필요한데 말입니다.

생각을 잘하려면 생각하는 방법을 바꿔야 합니다. 우리가 늘 익숙한 방법으로 생각하기 때문이죠. 생각하는 방법을 바꾸면 생각이 활성화됩니다. 익숙한 방식 대신 다른 방식으로 생각할 때, 파도를 탈 수 있죠. 파도를 타는 방법은 다음과 같습니다.

생각을 추적하다

우리의 생각은 반복적입니다. 옛날에 한 생각을 다시 사용합니다. 아는 지식을 써먹고 또 써먹습니다. 써먹을 게 없으면 새로운 지식을 찾습니다. 그걸 공부라고 부릅니다만, 파도 사진을 한 장 더 얻는 것에 불과합니다. 파도 사진은 아무리 많아도 사진일 뿐이죠.

생각을 생각하는 방법 가운데 하나는 '생각을 추적하기'입니다. 계보학이라고 하죠. 니체는 어떤 사물이나 개념, 윤리, 사상의 기원을 추적하는 방법으로 철학에 놀라운 변화를 불러왔습니다. 개념을 이해하려고 노력하는 사람들에게 개념 자체를 문제 삼도록 했죠. 우리가 아는 도덕은 원래 있던 게 아니라 인간이 만든 것입니다. 그 도덕이 어떻게 만들어졌는지 추적하면 기원을 알 수 있습니다. 도덕은 특정 세력이 필요에 따라 만들고 퍼뜨렸으나, 시간이 가면서 당연한 것으로 받아들여졌을 뿐입니다. 옳아서가 아니라 필요하기에 옳다고 믿게 됐다는 말이죠.

누가 "떠날 수 있는 삶이 행복하다"고 말하면, 대다수 사람은 "넉넉한 경제력으로 어디든 다닐 수 있는 삶이 행복해"라고 인정합니다. 이는 '떠남'으로 이익을 얻는 사람들이 만든 슬로건일 수 있습니다. 여행사나 관광지의 이익을 위한 것이죠. 계보학적 사고는 우리 생각이 어떻게 만들어졌고, 무엇에 영향을 받는지 발견해 그 영향력을 끊을 수 있는 사고 방법입니다.

최근 계보학적 사고력을 발휘하는 사람을 찾았습니다. 일론 머스크는 자신의 성공 비결이 '철학의 제1원리'라고 말합니다.

제1원리란 가장 기본적인 원리에 충실한 것이고, 거기부
터 모든 것이 시작된다. 이는 실제로 엄청난 정신적 에너
지가 드는 일이다.
— 일론 머스크

그는 물질의 근본으로 파고들어 그것부터 다시 생각해보라고
권합니다. 우리는 어떤 사실 혹은 정보를 기반으로 생각합니다.
과거의 경험이나 인터넷 자료, 책, 논문 등이 그것입니다. 뇌는
에너지를 최소화하려고 하기에 종전의 것을 전제로 받아들입니
다. 종전의 전제를 받아들이면 새로운 생각은 불가능하죠. 혁신
은 대부분 우리가 가정한 전제를 무너뜨리는 데서 옵니다.
　일론 머스크는 전기자동차의 배터리를 만드는 이야기를 들려
줍니다. 사람들은 배터리가 비싸서 전기자동차는 상용화하기 어
렵다고 생각했습니다. 일론 머스크는 배터리 값이 왜 문제가 되
는지 제1원리로 따집니다. 먼저 '배터리는 무엇으로 만드는가?'
질문하죠. 배터리 값이 문제라면 재료를 저렴하게 만들거나, 같
은 비용으로 더 좋은 기능을 발휘할 재료를 찾으면 된다는 생각
에 이릅니다. 배터리는 비싸다, 특정 재료를 사용해야 한다는 전
제를 무시한 겁니다. 이 생각을 밀어붙여 1회 충전으로 500킬로
미터 이상 주행이 가능한 리튬이온 배터리를 만들었습니다.
　그는 우리의 생각이 모방을 기초로 한다고 말합니다. 모방은

다른 사람의 생각을 받아들이는 것을 전제로 합니다. 편한 방법이지만 혁신은 불가능하죠. 생각의 획을 그은 철학자들은 이전 철학자들에게서 영감을 받았지만, 그들의 가정은 무시했습니다. 모든 전제를 무시하고 자기 생각으로 다시 근본을 따졌습니다. 일론 머스크도 이전의 가정을 무시하고 문제를 세부적으로 나눈 다음, 하나씩 근본으로 돌아가 따져서 아무도 생각지 못한 결과를 얻었죠. 이것이 그가 강조하는 제1원리 사고법입니다. 한마디로 생각을 생각하라는 것입니다. 다음과 같이 질문해볼 필요가 있습니다.

'내가 전제하는 것은 무엇인가?' '그것이 진실인가?' '언제부터, 왜 진실인가?'

생각할 거리를 바꾸다

유튜브는 인공지능 알고리즘이 작동합니다. 내가 본 것과 관련된 것을 제안하죠. 내가 좋아하는 것, 관심 있는 것, 성향이 비슷한 것을 계속 봅니다. 그 알고리즘 안에서 놀죠. 새로운 생각을 하는 대신 익숙한 생각을 강화합니다. 유튜브처럼 익숙한 패턴을 깨지 않으면 새로운 생각을 하기는 쉽지 않습니다.

생각은 다른 생각의 영향을 받습니다. 그렇다면 생각할 거리를 바꾸는 것이 새로운 생각을 하는 방법일 수 있습니다. 일부러 낯선 것을 찾아가는 겁니다.

> 어디를 가든 다시 갈 때는 새로운 길로 가봐라. 매일 다니는 길은 이미 정형화되어 아무것도 보거나 듣지 못한다. 그저 목적지로 걷는 기계와 같다. 그러나 새로운 장소로 가면 우리 머릿속에 알고리즘이 깨지며 의식이 살아난다. 정신이 나는 것이다. 굳이 멀리 여행 갈 상황이 아니라면 다른 길을 따라 걸어라. 뒷길로 들어오고 한 정거장 앞에서 내려 걸어라.
> — 김승호, 《알면서도 알지 못하는 것들》

생각을 바꾸는 방법은 생각할 거리를 바꾸는 겁니다. 단순하지만 강력한 방법이죠. 생각할 거리를 바꾸면 새로운 자극을 받습니다. 자극은 다른 생각을 불러옵니다. 인간은 '유추'라는 독특한 능력이 있습니다. 새로운 이야기를 들으면 다른 것을 생각해내고 연결합니다.

친한 선배 중에 정치적 성향이 진보적인 분이 있습니다. 그분은 네이버 기사에서 보수적 색채가 강한 조·중·동을 구독합니다. 왜 조·중·동을 구독하느냐고 물으니 "상대를 알아야 대응할 수 있다" "다른 생각에서도 배울 점이 있다"는 답이 돌아왔습니다. '저분은 정말 진보적이구나' 생각했습니다. 진정한 진보는 나와 다른 생각까지 받아들이면서 나아가는 것이니까요.

익숙한 방식은 새로운 생각의 적입니다. 이것을 아는 사람은 새로운 시도를 합니다. 다른 분야의 책을 보고, 반대 성향의 생각을 듣고, 가보지 않은 골목을 걷습니다. 자신을 낯선 곳으로 보낼 때 새로워집니다.

행동으로 생각하다

우리는 이해하고 외우는 학교 공부 방식에 익숙합니다. 학교 공부는 새로 안 것을 여기저기 사용해보는 데까지 나아가지 못합니다. 정작 중요한 실천은 안 하고 더 많은 것을 알려고 합니다. 공부는 실천을 위한 것입니다. 실천하면 새로운 지식을 얻죠. 새로운 지식을 실천하면 또 다른 것을 알고… 이렇게 생각이 확장됩니다.

사업이나 프로젝트에 실패하면 하나를 배웁니다. 안 되는 까닭을 알고 될 만한 방법으로 다시 시도합니다. 실패할 때마다 하나씩 배우고 성공할 가능성을 높여갑니다. 이런 식으로 어떻게 하면 잘되는지 배우고, 그것이 쌓이면 현명한 경영자가 될 수 있죠.

독서는 실천이 아니며 독서는 다리가 되어주지 않았습니다. 그것은 역시 한 발걸음이었습니다. (…) 그래서 결국

저는 다른 모든 불구자가 그러듯이 목발을 짚고 걸어가기
로 작정하였습니다. 제가 처음 목발로 삼은 것은 다른 사
람의 경험, 즉 '과거의 실천'이었습니다.

— 신영복,《감옥으로부터의 사색》

독서는 현실과 다릅니다. 현실은 실천과 관계있습니다. 책 읽
고 공부만 한 사람을 책상물림이라고 합니다. 현실을 모르는 사
람을 낮잡아 이르는 말이죠. 생각도 같습니다. 현실을 모르는 생
각은 발전할 수 없기에 실천이 필요합니다. 감옥에서는 실천할
수 없습니다. 신영복 선생은 다른 사람의 실천을 목발로 활용했
습니다. 목발은 내 발이 아니지만 도움을 줍니다. 실천은 새로운
생각과 지식의 문을 열어주고요. 이론과 실천, 생각과 현실은 변
증법적으로 영향을 주고받으며 발전합니다.

현실은 사람과 관련이 깊습니다. 사람을 아는 것, 감정을 이해
하는 것이야말로 현장성의 중심이라고 할 수 있습니다.《장사의
신》은 일본 요식업계의 신이라 불리는 우노 다카시가 쓴 책입니
다. 그는 자신이 놀라운 성과를 낸 까닭을 소개하는데, 우리가 아
는 것이 많습니다.

메뉴의 종류나 음식의 수준보다 '손님이 얼마나 편하게 즐길
수 있느냐'가 중요하다. 손님을 대하는 마음, 정성이 있다면 작은
가게가 대기업을 상대로도 이길 수 있다. 사소한 데 신경 써야 손

님에게 감동을 줄 수 있다. 가게는 눈에 보이도록 바꿔야 손님이 알아본다. 손실 보지 않으려고 움츠러들지 말고, 손실이 나더라도 제대로 해보겠다는 생각으로 장사하라.

알지만 실천하기 힘든 것이죠. 우노 다카시는 생각을 다룰 줄 아는 사람입니다. 아는 것을 구체적인 행동으로 실천하니까요. 실천이 그의 성공 비결입니다. 손님이 많은 작은 술집이나 카페에 가보면 '이 집은 손님에게 신경 쓰는 집이구나' 금방 알 수 있습니다. 인테리어나 친절함, 분위기 등이 자연스럽고 편하게 느껴집니다. 이게 되려면 손님을 알아야 합니다. '손님이 이런 기분이겠구나' 생각이 들어야 합니다. 대부분 이게 안 됩니다. 자기 기분에 들떠 자기 생각으로 가게를 운영합니다. 누가 아이디어를 줘도 자기 고집과 스타일을 바꾸지 않습니다. 그러다 사업을 접죠. 사업은 접어도 고집은 안 접는다는 게 더 큰 문제입니다.

다른 사람의 처지에서 생각하고 느끼는 것은 엄청난 경쟁력입니다. 장사하는 사람에겐 어벤저스급 파워라고 해도 과언이 아닙니다. 손님 입장에서 생각하면 그들에게 딱 맞는 제품과 서비스를 제공할 테고, 성공은 자연스럽게 따라오겠죠. 사장이 자기 생각, 자기 스타일 때문에 이를 거부하는 게 문제입니다.

여기서도 "너의 무지를 알라"는 소크라테스의 말이 통합니다. '너는 모른다, 고객이 무엇을 원하는지.' 내가 무지하다는 걸 알 때, 다른 사람의 이야기를 들을 수 있습니다. 에라스뮈스는《우신 예찬》에서 어리석은 여신 모리아의 입을 빌려 자신이 똑똑한 줄 아는 바보들을 놀립니다. 안다는 지식에 갇혀, '내가 나'라는 '자백'에 빠져, 옛날에 잘나갔다는 환상에 사로잡힌 우리가 '찐 바보'입니다. 아시죠? 바보의 특징. 자기가 바보라는 걸 모릅니다.

　손님의 입장에서 생각하지 않는 사람은 타인에게 관심이 없습니다. 사람한테 관심이 없고 돈에만 관심이 있습니다. 돈만 밝히는 사람을 좋아하는 사람은 없죠. 사람은 사람 냄새가 나는 사람을 좋아합니다. 사람이 좋으면 그 집을 찾게 됩니다. 우노 다카시는 말합니다. "단 한 명의 손님이라도 환영할 수 있는지가 중요하다." 한 명의 손님을 환영하고 만족시킬 수 있다면 다른 손님도 그럴 수 있기 때문입니다. 다른 사람의 입장에서 생각하고 행동하는 힘이야말로 생각을 다루는 최고의 방법입니다. 생각은 실천을 통해 발전합니다.

생산적 생각의 조건

　책을 읽다 보면 눈에 뻔쩍 띄는 부분이 있습니다. 한마디로 꽂히는 문장입니다. 꽂히는 문장은 아이디어나 통찰, 깨달음을 줍니다. 저 같은 사람에게는 글의 소재인 경우가 많죠. 책 속의 한 문장이 책 한 권으로 발전하기도 합니다. 그러니 독서를 그만둘

수가 없습니다. 제가 글을 쓰는 사람이 아니라면, 뭔가 상상하고 있지 않다면 번쩍하는 문장이 소용없을 겁니다. 마음에 드는 정도로 끝나겠죠. 책에서 발견하는 탁월한 문장은 글 쓰는 활동으로 이어집니다. 한마디로 쓸모가 있죠.

이는 생각이 생산적일 수 있는 중요한 조건입니다. 우리는 멋진 생각이 떠오르기를 기대하지만, 그것만으로는 소용없습니다. 멋진 생각이 현실적인 것이 되려면 상상이 필요합니다. 작가, 강사, 컨설턴트, 교사는 책을 많이 봅니다. 정보를 다루거나 전달하는 사람은 이런 책을 써야지, 이번 강의는 이렇게 해봐야겠어, 어떻게 하면 멋진 수업이 될까 상상합니다. 그들의 독서는 써먹을 데가 있죠. 그래서 생산적입니다.

사업가가 무엇을 보고 번쩍하는 아이디어가 생겼다면, 그는 꿈꾸는 것이 있는 사람입니다. 독서를 즐기는 경영자는 사업을 어떻게 해보고 싶다는 청사진이 있죠. 그런 청사진을 상상하기 때문에 책에서 아이디어를 꺼낼 수 있습니다. 자신이 무엇을 원하는지 아는 사람, 주제를 들고 고민하는 사람이 소재를 발견하죠. 내가 무엇을 원하는지 모르는 사람은 생각의 힘을 생산적으로 사용하지 못합니다. 그런 점에서 이렇게 말할 수 있겠네요.

'상상하는 것이 없다면 (의미 있는) 경험도 없다.'

정리하면 생산적 생각은 두 가지 조건을 충족해야 합니다. 상상하는 것, 경험과 정보입니다. 자신이 어떤 일을 어떻게 해보고 싶은지 상상하는 힘, 지금 하는 생각이 그것과 어떻게 연결될 수 있는지 연결하는 과정이 생산적 생각의 과정입니다. 창조적인 사람들의 생각하는 법을 다룬 책《생각의 탄생》은 생산적 사고에 대해 말합니다.

생산적인 사고는 내적인 상상과 외적 경험이 일치할 때 이루어진다.
— 로버트 루트번스타인·미셸 루트번스타인,《생각의 탄생》

사업가는 자기 사업이 어떤 것인지 상상할 수 있어야 합니다. 지식과 정보와 경험에서 그것에 도달할 수 있는 아이디어를 발견해야겠죠. 그러자면 생각을 다시 생각해야 합니다. 단순히 생각하는 것을 넘어 생산적인 결과에 도달해야 하는 것이 사업이기 때문입니다.

작은 일로 큰일을 해내는 방법, 포커싱

작은 일, 큰일

어려운 일을 하려면 그것이 쉬울 때 해야 하고, 큰일을 하려면 그것이 작을 때 해야 한다.

— 노자, 《도덕경》

사람 사이에 문제가 생기면 쉽게 해결되지 않습니다. 서로의 오해가 쌓여 편견이 굳어졌기 때문입니다. 화해해도 앙금은 오래 남습니다. 이럴 때 어떻게 해야 할까요? 문제가 생기지 않도록 하거나, 문제가 되기 전에 푸는 게 가장 쉬운 방법입니다. 어려운 일을 하려면 그것이 쉬울 때 하라는 말이 이 뜻이죠.

큰일을 해내려면 어떻게 해야 할까요? 일이 작을 때 해야 합니다. 물론 작은 일이 바로 큰일이 되지는 않습니다. 시간이 걸리죠. 집을 깨끗이 단장하려면 대청소를 해야 합니다. 쉬운 방법은 먼지가 쌓이기 전에, 지저분해지기 전에 조금씩 청소하는 겁니다. 작은 일을 하지 않다가 한꺼번에 하려면 큰일이 되니까요.

공부와 사업도 마찬가지입니다. 평소에 조금씩 하면 쌓여서 큰 공부가 됩니다. 작은 일을 조금씩 하면 큰 사업이 됩니다. 성공한 사업가는 실천력이 아주 강합니다. 언젠가 자수성가한 사장님과 저녁을 먹었습니다. 제가 어떤 말을 했는데, 아이디어가 떠올랐는지 바로 어딘가 전화를 걸어 약속을 잡으시더군요. 이런 경우가 종종 있습니다. 성공한 분들은 일을 미루지 않고, 작을 때 시작합니다.

소국과민

《도덕경》은 노자가 남긴 경전입니다. 혼란한 춘추시대에 노자는 '공을 이뤘으면 물러나야 한다(功遂身退)' '만족할 줄 알면 치욕을 당하지 않는다(知足不辱)'는 말로 세상의 흐름과 원리에 따라 살아갈 것을 권했죠.

자신을 보전하고 조직을 운영하는 중요한 원리도 담고 있습니다. '나라는 작게 하고 백성은 적게 하라(小國寡民)'는 말이 대표적입니다. 나라가 크면 그만큼 관리하기 어렵습니다. 백성이 많으면 일사불란하게 움직이기 어렵고, 복잡성이 증가해 생산성도 떨어지죠. 나라든 팀이든 내가 통제할 수 있는 정도, 일하기 적당한 크기면 됩니다. 덩치만 키우다 어려움을 자초하는 일이 없어야 하니까요.

> 조직은 이해하기가 분명하고 간단하며, 설명이 쉬워야 합니다. 모든 것은 더 간단해져야 합니다. 초점과 단순성이 내가 꾸준히 생각해온 주문입니다.
> — 스티브 잡스

스티브 잡스는 '단순함'을 제대로 실천한 사람입니다. 몇몇 제품에 집중했고, 생활을 단순화해서 중요한 일에 초점을 맞췄습니다. 직원 수도 제한했습니다. 그가 매킨토시를 개발할 때 팀원을 100명이 넘지 않게 유지한 일화는 유명합니다. 왜 그랬을까요? 효과적으로 일하기 위한 최대 인원이 100명이라고 생각했기 때문입니다. 팀원이 많을수록 생각과 일의 방향이 조직의 목표에 따라 정렬되기 힘들죠. 심지어 팀원 이름도 외우기 어렵습니다.

규모가 커지면 다양한 문제가 발생합니다. 의사 결정의 어려움, 인적 갈등과 불협화음, 집단 사고와 무책임 등이죠. 더 큰 문제는 최선을 다하지 않는 겁니다. 독일의 심리학자 막시밀리안 링겔만은 줄다리기 실험으로 집단에서 개인의 공헌도를 측정했습니다. 1 대 1로 줄다리기할 때 사용한 힘이 100퍼센트라면, 2 대 2일 때는 93퍼센트를 사용했습니다. 3 대 3은 85퍼센트, 8 대 8은 49퍼센트로 떨어졌습니다. 함께하는 사람이 늘어날수록 1인당 공헌도는 낮아집니다. 이것을 '링겔만 효과'라고 부르죠. 한마디로 무임승차입니다. 스티브 잡스는 조직 관리에 도움을 주는 명언을 남깁니다.

훌륭한 제품은 작은 팀에서 만들어진다.

김 대리의 생선 굽기

"김 대리 떴다."

사장님이나 부장님이 나타났을 때 직장인이 하는 말입니다. 왜 사장님이나 부장님이 '김 대리'일까요? 대리의 일을 하기 때문입니다. 대리는 일선에서 일어나는 세부적인 일을 처리합니다. 그 일에 꼬치꼬치 간섭하고 지적하기 때문에 사장님을 김 대리라고 부르죠.

실제로 현장에 가보면 김 대리가 많습니다. 사무실 칸막이 높이, 전화 받는 태도, 복장, 띄어쓰기, 쓰레기통 위치까지 간섭합니다. 현장에서 일하는 사람들의 사기가 떨어질 수밖에 없죠. 자주성이 훼손되면 자발성이 떨어집니다.

> 도는 항상 아무것도 하는 것이 없지만, 하지 않는 것이 없다(道常無爲 而無不爲).
>
> ― 노자, 《도덕경》

이 경우 노자의 처방이 무위(無爲)입니다. 노자는 세상의 원리인 도(道)에 따라 운영할 것을 권합니다. 세상은 억지로 하지 않으면서 모든 것을 해내고, 사물은 자기 원리에 따라 조화롭게 살아갑니다. 무위는 아무것도 안 하는 게 아니라, 순리에 따라 자연스럽게 하는 것입니다.

노자의 영향을 받은 한비자는 군주의 통치 수단으로 무위술(無爲術)을 강조합니다. 무위술은 군주가 말을 아껴서 신하에게 마음을 보이지 않는 것입니다. 소통을 중요하게 생각하는 지금의 문화와 거리가 있지만, 지나치게 간섭하지 않고 자기 스타일에 따라 일하게 한 뒤 결과로 평가한다는 점에서 눈여겨볼 필요가 있습니다.

리더의 역할은 큰 맥락을 살피고 방향을 잡는 것입니다. 작은 일에 신경 쓰면 큰 맥락을 놓치기 쉽죠. 그래서 공자가 "작은 일도 볼 만한 점은 있지만, 큰일을 이루는 데 장애가 되기 때문에 하지 않는다"고 한 것입니다.

> 큰 나라를 다스리는 것은 작은 생선을 삶는 것과 같다(治大國 若烹小鮮).
> — 노자, 《도덕경》

작은 생선을 자주 뒤집으면 부서집니다. 일이 제대로 되려면 시간과 노력이 필요합니다. 기다림이 중요하죠. 수시로 지시를 바꾸고 잔소리하면 사람도, 일도 엉망이 됩니다. 어디에 집중해야 할지 몰라 갈팡질팡하는 사람이 제대로 일하긴 어렵습니다.

포커스를 맞춰라

우리가 잘하는 일에 초점을 맞춰야 합니다.

스티브 잡스는 늘 청바지에 티셔츠를 입고 다녔습니다. 단순한 생활을 위해서죠. 단순한 생활은 자신이 원하는 것, 해야 할 것에 집중하기 위한 일종의 장치입니다. 한마디로 포커싱이죠. 철학자도 마찬가지입니다.

세상에는 나무, 태양, 구름, 꽃, 개, 인간까지 수많은 것이 있습니다. 우리는 이런 세상에서 별 의문 없이 살아갑니다. 이런 존재에 의문을 품은 사람이 철학자 하이데거입니다. '이 세상에는 왜 뭔가가 있는가?'

이 세상에는 아무것도 없어도 됩니다. 꼭 있어야 할 이유가 없습니다. 우주는 왜 있고, 나는 왜 있을까요? 그 전에 '있다는 것'은 도대체 무엇을 의미할까요? 눈에 보이면 있고, 보이지 않으면 없는 걸까요? '없다는 것'은 또 무엇을 뜻할까요? 하이데거는 '있음'이라는 사태에 대해, '존재'에 대해, '존재란 무엇인가'에 대해 근본적으로 이해해보려고 한 사람입니다.

쇼펜하우어는 염세주의자라고 알려져 있습니다. 그의 아버지는 제법 성공한 상인으로, 아들도 상인이 되기를 바랐죠. 아들에게 세계 여행을 하며 견문을 넓히라고 권했습니다. 쇼펜하우어는 여행 중에 비참하게 살아가는 노예를 보고 인생에 깊은 회의가 생깁니다. '인생은 왜 이렇게 고통스러운가?'

쇼펜하우어가 보기에 세상은 고통으로 가득했습니다. 인간은 욕망이 있습니다. 욕망을 채우면 권태에 빠지지만, 다시 새로운 욕망이 꿈틀거립니다. 배고프면 먹고, 배부르면 쉬고, 다시 배가 고파집니다. 그렇게 생존을 위해 평생 노력하는 것이 인간의 고단한 삶입니다. 인간은 시계추처럼 욕망과 권태를 왔다 갔다 합니다. 왜 이토록 힘겹게 살까요? 이것이 쇼펜하우어가 연구한 문제입니다.

하이데거나 쇼펜하우어는 한 문제를 평생 연구하고, 남다른 결론으로 철학에 한 획을 그었습니다. 철학자와 사업가는 자기만의 문제의식으로 평생을 사는 사람입니다.

한 우물 파기

일본의 양말 전문 회사 다비오를 창업한 오치 나오마사는 한 우물을 팠습니다. 양말에 인생을 걸었죠. 중학교를 졸업하고 양말 도매상에 취직한 뒤, 항상 맨발에 샌들을 신고 다닙니다. 양말을 착용할 때의 느낌과 촉감 등을 직접 확인하기 위해서요. 그는 세계 최고 품질의 양말을 만드는 게 목표입니다. 그것이 최고 자부심이기 때문이죠. 수많은 어려움이 있었지만 결국 일본 6위의 양말 회사가 됐습니다. 일본에서 양말만 만드는 회사는 다비오가 유일합니다.

요즘같이 사업을 다각화해서 변화에 대응하려는 움직임이 활발한 때, 하나에 집중하는 것은 위험하다고 생각할지도 모릅니다. 하지만 하나에 집중하지 않으면 충분한 품질을 끌어낼 수 없다는 점에서 집중은 필수입니다. 시간은 한계가 있습니다. 주어진 시간을 최대한 활용해야 합니다. 이것저것 하면 제대로 해내기 어렵죠. 사업 확장도 하나가 확실할 때 가능한 일입니다.

철학자들도 이를 알기에 한 가지 질문의 답을 추구하는 데 인생을 걸었고, 집요하게 답을 찾아갔습니다. 그 한 가지 질문을 정말 풀어보고 싶어 했습니다. 거기서 삶의 이유를 찾고 의미를 발견합니다. 사업가도 마찬가지입니다. 자신이 하는 일이 좋고, 일에 충실하기 위해 일을 붙들고 삽니다. 심지어 제품을 안고 자기도 합니다. 자기 신념에 따라 끌리는 일에 포커싱한다는 점에서 철학자와 사업가는 같습니다.

평생 인의(仁義)가 실천되는 세상을 위해 노력한 맹자는 말했습니다.

인의를 이루기 위해 노력하는 것은 우물을 파는 것과 같다. 아홉 길이나 팠어도 물이 솟아나지 않으면 우물을 포기한 것과 같다.
— 맹자, 《맹자》

방향이 중요하다

철학자의 생활은 단순합니다. 오래 연구하려면 생활이 단순해야죠. 단순한 삶은 생산성을 높이고, 심리적 안정감을 줍니다. 이 안정감이 연구에 집중하는 에너지를 불러옵니다. 집안일이 복잡하게 꼬인 사람이 공부나 사업에 집중하긴 어렵습니다. 철학자와 경영자는 단순함을 선호합니다. 중요한 것에 집중하기 위해서죠.

단순한 생활은 일상을, 연구를, 사업을, 나를 통제하는 느낌을 줍니다. 통제할 때 방향이 생깁니다. 매일 작은 일을 한 방향으로 하기에 큰일을 해낼 수 있습니다. 낙수가 바위를 뚫을 수 있는 것은 방향이 있기 때문이죠. 그 힘이 포커싱입니다.

뿌리 깊은 나무에서
뿌리 넓은 잔디로

도피하는 사람들

자유는 근대인에게 독립성과 합리성을 가져다주었지만,
한편으로는 개인을 고립시키고 그로 말미암아 개인을 불
안하고 무력한 존재로 만들었다.

— 에리히 프롬,《자유로부터의 도피》

근대는 중세의 종교적·신분적 굴레에서 벗어나 자유로운 삶
의 기회가 열린 시대입니다. 하지만 자유는 무척 부담스럽기도
했습니다. 자유에는 모든 일을 혼자 판단하고 결정해야 하는 부
담이 따르기 때문입니다.

중세는 신분과 종교에 예속된 시대지만 한편으로 내가 누구인

지, 어떻게 살아야 하는지에 대한 부담이 적었습니다. 신의 뜻에 따라 주어진 사회적 역할에 충실하면 된다는 믿음을 줬으니까요. 그렇게 심리적 안정을 제공하던 유대가 끊어지면서 독립된 존재가 된 개인은 견딜 수 없는 무력감과 고독에 직면합니다. 이런 무력감과 고독 앞에는 두 가지 길이 보입니다. 하나는 적극적으로 자유를 찾아가는 길이고, 다른 하나는 자유가 주는 부담을 회피하는 길입니다.

자유를 향해 적극적으로 나아가는 길을 선택한 사람들은 타인과 건강한 관계를 맺고, 일을 통해 자기를 드러내며 세상에서 자리를 찾아갑니다. 용기를 내 도전하는 과정에서 건강한 피드백을 얻고, 개성을 살리면서 다른 사람들과 함께하는 힘을 키울 수 있습니다.

반면 두 번째 길을 선택한 사람들은 자유가 주는 커다란 두려움 앞에서 물러납니다. 자유를 포기하고 자아와 세계의 긴장감을 제거하는 방식으로 외로움을 극복하려 하죠. 자유는 그만큼 부담스럽습니다. 혼자 모든 일을 결정하는 것이 얼마나 큰 압력인지 누구보다 잘 아는 사람이 사장입니다.

이런 성향은 한나 아렌트가 지적하는 전체주의의 배경이 됩니다. 산업혁명 이후 자본주의는 인간을 공동체에서 떼어내 무기력한 개인으로 만들었습니다. 무자비한 경쟁에 노출된 개인은 따뜻한 인간관계에서 소외되고, 상실감으로 현실도피 욕망에 사로잡힙니다. 어딘가 소속되지 않으면 견딜 수 없죠. 나치로 상징되는 전체주의는 대중을 선동해 생각할 능력을 빼앗고, 한 덩어리로 묶는 데 성공합니다. 나치는 선거로 정권을 잡습니다. 대중이 환호하거나 묵시적으로 동의해서 나치를 용인했다는 말입니다. 집단에 소속되는 안정감이 침묵으로 동조하는 데 크게 작용했습니다. 이 과정을 분석한 아렌트는 말합니다.

세상의 악은 대부분 악한 의도 때문이라기보다 생각하지 않는 데서 비롯된다.

집단 사고

소수 의견을 억압하고, 자신들이 올바른 결정을 내렸다고 판단하는 경향을 '집단 사고'라고 합니다. 1972년 미국의 사회심리학자 어빙 재니스가 정리한 개념이죠. 재니스는 1961년 케네디 대통령의 특별자문위원회가 쿠바의 피그스 만 침공을 만장일치로 결정하는 과정을 분석합니다. 쿠바에서 미국으로 탈출한 난민을 훈련해 쿠바를 공격한 작전으로, 실패하고 말았습니다.

재니스는 대통령과 참모의 강한 응집력과 자신이 속한 집단의 능력에 대한 믿음이 자만심을 낳았고, 잘못된 의사 결정으로 이어졌다고 말합니다. 전문가들이 모였기에 잘못된 결정을 할 리 없다는 확신이 소수 의견을 제시하지 못하는 분위기를 만들었다는 거죠. 재니스는 이를 토대로 집단의 응집력이 강하고 폐쇄적일수록, 문제가 중대하고 시간이 촉박할수록, 전문성이 강한 사람이 많이 모일수록 집단 사고가 일어날 가능성이 크다는 분석 결과를 제시합니다.

집단 사고는 한나 아렌트가 말한 전체주의와 연관성이 있습니다. 전체주의는 자유가 주는 부담에서 벗어나기 위해 생각하기를 멈춘 사람들이 선동자를 추종하면서 발생합니다. 집단 사고는 자신이 속한 그룹의 전문성을 믿고 적극적이고 비판적으로 생각하지 않으려는 심리적 경향이 만든 결과죠. 두 경우 모두 집단의 책임이기 때문에 자기 잘못을 피해 갈 수 있습니다.

짐을 지는 일

사업은 짐을 지는 일입니다. 무엇을 어떻게 할지 혼자 결정해야 합니다. 모든 일이 오롯이 자기 책임 아래 벌어집니다. 엄청난 부담이죠. 자유가 주는 이런 중압감을 견디지 못하면 의사 결정에 어려움을 겪을 수밖에 없습니다.

권위적인 리더가 멸종된 까닭은 그들이 집단 사고를 유발했기 때문입니다. 권위를 내세우는 리더는 주변을 자신이 좋아하는 사람으로 채우고 예스맨을 배치해 소수 의견을 무시하는 분위기를 만듭니다. 좋지 못한 결과가 발생해도 책임지지 않죠. 공동의 책임은 무책임이 됩니다. 성공한 경험에 따른 지나친 자기 확신, 주변 사람의 긍정적 반응에 도취, 의사 결정의 부담감 회피가 권위적인 사람을 만듭니다. 이는 스스로 생각하는 노력을 포기하는 과정이기도 하죠. 생각하는 능력의 상실은 잘못된 의사 결정으로 이어지고, 이는 사업에 치명적입니다.

재니스는 집단 사고의 주원인으로 집단의 응집력을 꼽습니다. 함께 일하는 사람의 응집력이 강하면 비판적 사고를 억압해 반대 의견을 무시합니다. 토론이나 논쟁이 소모적으로 보이죠. 좋은 이야기가 난무하고 긍정적인 전망이 퍼집니다. 시간이 촉박하면 그럴 가능성이 더 큽니다. 개업일이 다가오는데 재료를 공급할 곳을 정하지 못한 상황이라면 대충 결정하게 마련이죠.

"이거 어떻게 생각하나?"

"좋은 것 같은데요."

"자네가 보기에도 그렇지? 내 생각도 그래."

"안목이 훌륭하십니다."

"좋았어. 이걸로 가자고."

의견을 구하는 사람은 자기 생각이 맞았다는 확신을 얻고, 의견을 내는 사람은 권위 있는 사람의 생각에 동조하는 편이 잘못된 의견을 제시하는 부담을 피하는 방법입니다. 어차피 자기 책임은 아니니까요.

뿌리에서 리좀으로

인간은 안전과 편안을 추구하는 존재입니다. 지식도 인간이 안전과 편안을 느끼기 위해 만들었죠. 세상을 알면 불안이 사라지고, 아는 것을 활용하면 안전하고 편할 수 있습니다. 하지만 고인 물이 썩듯 지식은 감옥이 되고, 편안한 삶은 변화의 위험에 노출되기 쉽습니다.

인간은 영토화에 익숙합니다. 회사라는 영토는 여러 요소의 결합과 배치로 구성됩니다. 책상과 도구와 사람들이 모여 일할 수 있는 구조로, 특정한 일을 잘 해내기 위한 장치로 결합합니다. 그 안에는 눈에 보이지 않는 규칙이 존재하죠. 출근 시간은 언제고, 보고 절차는 어떻고, 누구와 협력해야 하는지 등에 관한 내용입니다. 이는 회사라는 영토에 존재하는 일종의 코드입니다.

영토화와 코드화는 고착을 가져옵니다. 우리는 매일 비슷한 생각을 하고, 비슷한 옷을 입고, 비슷한 행동을 하고, 비슷한 하루를 살아갑니다. 그렇게 삶은 영토화·코드화·고착화됩니다. 이런 상황에서 다른 생각, 다른 행동, 다른 결과에 도달하긴 어렵습니다. 차이를 만들 가능성이 사라지죠.

고착에서 벗어나는 길이 리좀(rhizome)입니다. 리좀은 뿌리와 비슷한 땅속줄기를 말합니다. 리좀은 수평으로 자라면서 새로운 덩굴과 줄기를 뻗어 내리고 그것은 또 다른 식물로 탄생합니다. 마치 억새나 둥굴레, 잔디, 대나무처럼요. 이 식물들은 하나의 줄기가 아니라 여러 뿌리줄기가 수평적으로 연결돼 있습니다. 하나가 중심이 아니라 모든 뿌리줄기가 중심이죠. 리좀은 하나의 근원이 아닌, 위계가 없는, 시작도 끝도 없는 구조를 상징합니다.

우리는 차이에 대한 욕망이 있습니다. '이렇게 살고 싶지 않다' '다른 사람과 다르게 내가 원하는 것을 하고 싶다'는 생각을 합니다. 일도 다르게, 새롭게 해보고 싶습니다. 하지만 내 생각을 드러내는 게 위험할 수 있기에 조심스럽죠. 리좀형 사고는 '하나의 근원이 있다는 생각' '저 사람은 전문가라서 항상 옳다는 믿음' '정답이 있다는 확신'을 무너뜨립니다. 세상에 올바른 것은 없기에, 다 옳을 수 있다는 생각이 리좀형 사고입니다.

색깔 모자 쓰기

집단 사고에서 벗어나 집단 지성으로 나아가려면 의견을 자유롭게 말하는 분위기를 만들어야 합니다. 이게 잘 안 되죠. 의견을 말하라고 하면 영향력 있는 사람의 의견을 추종하거나, 귀찮아서 생각하지 않으려 합니다. 이때 강제적으로 사고할 수 있게 도와주는 방법이 널리 알려진 '여섯 가지 색깔 모자'입니다.

각 모자는 정해진 역할이 있습니다. 하얀 모자는 사실과 정보를 제시합니다. 객관적인 이야기만 하고, 자기 의견이나 가치 평가가 들어가선 안 됩니다. 검은 모자는 비판적으로 생각합니다. 일부러 반대 의견을 제시하죠. 검은 모자 덕분에 잠재적 위험 요인과 실패 요인을 발견하고, 획일적인 의사 결정을 막을 수 있습니다. 붉은 모자는 감정이나 느낌, 직감을 이야기합니다. 노란 모자는 제시된 의견의 장점을 찾아 실현 가능성에 대한 긍정적인 이야기를 합니다. 녹색 모자는 새로운 아이디어를 제시하거나 약점을 보완할 대안을 말합니다. 이때 창의적이고 혁신적인 아이디어가 나올 수 있죠. 파란 모자는 전체 과정을 통제하고 관리합니다.

말하는 순서는 정해지지 않았고, 사안에 따라 효과적인 순서를 찾으면 됩니다. 여러 사람이 한 모자 역할을 맡을 수도 있고, 혼자서 여러 모자 역할을 할 수도 있습니다. 모자를 번갈아 쓰며 그 입장에서 생각하는 거죠. 여섯 가지 색깔 모자는 한쪽 면만 생각하기 쉬운 상황에서 여러 가지 면을 살펴보도록 강제합니다.

집단 지성

여러 사람의 생각하는 힘이 모여 시너지를 발휘하는 것을 '집단 지성'이라고 합니다. 우리가 나보다 똑똑하다는 거죠. 전문가들이 모였지만 잘못된 의사 결정을 하는 집단 사고와 대비됩니다.

트라이애슬론 선수 지미 초이가 틱톡 영상을 올렸습니다. 자신이 파킨슨병을 앓고 있는데, 손떨림증 때문에 약을 꺼내기 힘들다는 내용이었습니다. 영상을 본 틱토커 한 명이 파킨슨병을 앓는 사람들이 쉽게 꺼낼 수 있는 약통을 디자인해서 올렸습니다. 그는 3D 프린터가 없어 실물을 제작할 수 없었죠. 이 영상을 본 다른 틱토커가 디자인 파일을 받아 자신의 3D 프린터로 약통을 제작했습니다. 덕분에 파킨슨병 환자들이 편하게 약을 꺼낼 수 있는 약통이 생겼습니다. SNS를 통해 모인 다수의 힘이 세상을 나은 곳으로 만들었습니다. 집단 지성이 작동한 결과죠.

집단 지성이 작동하려면 나설 수 있는 분위기가 중요합니다. 자기 능력에 대한 확신도 필요하고요. 우리는 자발적 활동을 통해 고립된 개인에서 벗어나 전체 가운데 자신의 자리를 확보하고, 일과 삶의 의미를 발견할 수 있습니다. 에리히 프롬이 말했듯이 "우리 스스로 생각하고 느끼고 말하는 것만큼 큰 자부심과 행복을 주는 것도 없기 때문"입니다.

생각을 키우고 싶다면
날개를 펴라

미운 사람을 죽이는 방법

시어머니가 미워 죽겠다는 며느리가 있었습니다. 사사건
건 간섭하고 온갖 고된 일을 시키니, 몸과 마음이 만신창
이였습니다. 어느 날 스님이 탁발하러 왔다가 며느리를 보
고 무슨 걱정이 있냐고 물었습니다. 며느리가 시집살이 고
충을 털어놓고 시어머니가 빨리 죽었으면 좋겠다고 하자,
스님이 방법을 알려주겠다고 합니다.

"매일 어머니에게 떡을 해드리십시오. 그러면 100일째 되
는 날 어머니는 반드시 돌아가실 것입니다."

며느리는 믿기지 않았지만, 시어머니가 죽는다는 말에 솔
깃해 날마다 시어머니에게 떡을 해드렸습니다. 시간이 지

나자 이상한 일이 일어났습니다. 점점 시어머니가 좋아진 것입니다. 시어머니도 며느리가 매일 떡을 해주니 예뻐 보여, 며느리를 딸같이 대했습니다.

약속한 100일이 다가오고, 며느리는 어머니가 돌아가실까 봐 점점 겁이 났습니다. 얼마 후 그 스님이 다시 찾아왔습니다. 며느리가 스님에게 어머니가 돌아가시면 안 된다고 방법이 없는지 묻자, 스님이 답하죠.

"어머니는 돌아가시지 않습니다. 당신이 미워하던 그 어머니는 벌써 돌아가셨으니까요."

미운 사람 떡 하나 더 주라고 합니다. 이유가 뭘까요? 잘해주면 관계의 모양이 바뀌기 때문입니다. 시어머니가 미운 며느리는 상황을 이해하지 못했습니다. 시어머니 처지에서는 사랑하는 아들을 빼앗긴 기분이 들고, 자신이 젊은 시절 겪은 시집살이를 돌려주고 싶은 마음도 있었겠죠.

세상의 많은 문제가 자기 입장에서 생각하기 때문에 일어납니다. 이런 문제를 해결하기 위해 자기 계발을 해보지만, 크게 달라지지 않습니다. 평면적 지식이 확대될 뿐, 인식의 차원을 넓히지 못하기 때문입니다. 그런 점에서 공부란 수평적인 확대가 아니라 수직으로 올라가는 것, 한 차원 높이 도약하는 것이라 할 수 있습니다.

수직으로 나아가다

> 우리는 수평으로 걸어가면서 앞으로 나아간다고 생각한
> 다. 천만에, 우리는 그저 맴돌 뿐이다. 우리는 수직으로만
> 나아갈 수 있다.
> — 시몬 베유

프랑스의 철학자이자 사회운동가 시몬 베유는 가난한 사람에
대한 애정과 육체노동의 신성함을 실천하며 살았습니다. 그녀
는 앎의 수평적 증대는 무의미하다고 말합니다. 자기 계발서를
열 권만 읽어보면 비슷한 내용이 반복됩니다. 지적 욕망을 채우
기 위해 알아내는 지식은 일순간의 쾌감을 줄 뿐, 삶을 바꾸지 못
합니다. 노자가 "한계가 있는 삶으로 한계가 없는 앎을 추구하는
것은 위험하다"고 한 이유가 이와 관련이 있습니다. 심리학 개념
과 연구 결과를 아무리 많이 알아도 인간을 깊이 이해할 순 없습
니다. 사람을 분류하고 성향을 탐색하는 능력이 좋아질 뿐이죠.
그 지식이 나를 자유롭게 하느냐, 문제를 푸는 열쇠가 되느냐가
중요합니다.

시몬 베유는 수직적 지식을 권합니다. 수직으로 나아가는 것
은 다른 차원에서 볼 힘을 줍니다. 산 정상에서 세상을 굽어보는
셈이죠. 그리스신화에서 미궁에 갇힌 다이달로스와 그의 아들

이카로스는 날개를 만들어 탈출합니다. 수직적 사고는 날개를 달고 높이 날아 미궁에서 벗어나는 것과 같습니다.

우리는 답을 찾으려고 하지만, 아무리 답을 많이 알아도 문제를 모르면 소용없습니다. 문제를 제대로 이해하려면 생각의 차원을 높여야죠. 도(道)가 높은 인류의 스승들은 깨달음이나 영성에 관해 이야기합니다. 눈에 보이지 않는 개념이기에 허황한 듯 보이고, 종교적 느낌이 가미돼 괜한 거부감이 생기기도 합니다. 생각을 조금 바꾸면 깨달음과 영성은 삶의 유용한 열쇠가 될 수 있습니다. 깨달음과 영성이 우리를 괴롭히는 욕망, 돈, 지식, 인간관계의 문제에서 벗어나 진실로 안내하기 때문입니다.

시몬 베유는 영성을 "양보다 질을 우위에 두는 삶"이라고 말합니다. 사회적 성공, 넉넉한 돈, 높은 지식을 추구하는 우리를 다른 차원으로 안내합니다. 그녀가 말하는 다른 차원에 이르는 방법은 뭘까요? 성공, 돈, 지식을 넘어 더 큰 가치를 추구하는 것입니다. 성공보다 삶이 크고, 돈보다 행복이 높으며, 지식보다 이해가 넓습니다. 성공하려는 이유는 좋은 삶을 위함이고, 돈을 버는 목적은 행복이며, 지식은 세상을 이해하는 힘을 위해 얻으려고 하니까요. 양을 추구하는 대신 질을 확보하면 적은 돈과 지식으로도 잘 살 수 있습니다.

더 높고 보편적인 가치를 얻으면 어떤 일이 생길까요? 친구가 더욱 친해지고, 적도 친구가 되며, 타인도 내가 될 수 있습니다.

세상의 모든 존재가 연결되죠. 불교에서 '자타불이(自他不二)'라는 말을 씁니다. 나와 너라는 개념이 무너지고 '우리'가 되어 함께 삶을 영위하는 인간임을 자각하는 것입니다. 그때 갈등과 괴로움은 자연스럽게 녹아내립니다.

> 낮은 곳과 높은 곳의 상태를 구별하는 법, 높은 곳은 여러 가지 면이 중첩되어 공존한다.
> ― 시몬 베유, 《시몬 베유 노동일지》

차원 높은 생각은 그보다 낮은 다양한 생각이 중첩되고 공존하는 곳입니다. 익숙지 않은 사람은 모순되고 혼란스러워 보일 수 있습니다. 선과 악, 진보와 보수, 좋고 싫음이 섞인 상황을 받아들이기 쉽지 않습니다. 맞으면 맞고 틀리면 틀린 것이지, 맞을 수도 있고 틀릴 수도 있는 게 어디 있느냐는 얘기입니다. 수직으로 나아간다는 것은 모순되는 하위 가치를 통합하는 일이기도 합니다. 물론 그 전에 가치의 충돌이라는 모순된 상황을 견디는 힘이 필요하죠.

범주로 생각한다

범주는 성질이 같은 부류나 범위를 말합니다. 장미, 산수유, 개나리 같은 나무는 꽃나무라는 범주로 묶을 수 있습니다. 레트리버, 허스키, 불도그 등은 개의 범주에 해당하죠. 인간은 분류의 동물입니다. 사물을 이해하려면 분류해야 합니다. 지식은 분류로 시작됩니다. 분류는 세상의 이해가 시작되는 지점입니다. 물건을 나누는 방식만 봐도 알 수 있습니다. 옷, 책, 그릇, 이불, 학용품 등으로 나눠 보관합니다. 그릇을 책꽂이에 꽂거나, 이불을 냉장고에 넣거나, 연필을 옷장에 넣으면 어떻게 될까요?

우리는 어떤 범주 안에서 생각하는 경향이 있습니다. 한국인, 충청도 사람, 진보, 직장인, 마케터 등의 관점에서 생각하는 겁니다. 물론 자신이 속한, 자신이 관심 있는, 지적 편력 같은 것이 반영됩니다. 철학은 내 생각의 범주를 뛰어넘는 것과 관련이 있습니다. 그래야 높은 차원에서 생각할 수 있기 때문입니다. 레트리버를 개의 범주로 생각하면 집을 지키게 할 겁니다. 반면 생명의 범주로 이해하면 인간처럼 감정이 있는 동물로 받아들이죠. 유기하거나 학대할 수 없습니다.

오래된 철학자 가운데 헤라클레이토스를 좋아합니다. 무려 2500여 년 전 그리스 철학자입니다. "같은 강물에 두 번 손을 씻을 수 없다"는 말로 유명하죠.

선과 악은 하나다. 신은 낮과 밤, 겨울과 여름, 전쟁과 평화, 포만과 굶주림이다.

— 헤라클레이토스

그는 왜 선과 악을 하나라고 할까요? 우리는 선과 악을 구분합니다. 사람에게 친절하면 선하고, 사람을 해치면 악하다는 식입니다. 이때 선과 악은 각각의 범주가 됩니다. 선이라는 범주에는 다양한 행동과 상태가 대입되죠. 헤라클레이토스는 선과 악을 넘어서 보라고 권합니다. 우리가 아는 선은 상황이 달라지면 선하지 않은 것이 될 수도 있습니다. 사람을 죽이는 것은 악이지만, 전쟁이 벌어진 때는 선이 될 수도 있습니다.

안중근 의사는 이토 히로부미를 사살했습니다. 안중근 의사는 '우리'라는 범주에서 보면 선이지만, 일본의 범주에서 보면 테러리스트죠. 실제로 일본에서는 그렇게 가르친다고 합니다. 일본은 안중근 의사의 사살만 생각합니다. 역사적 배경, 제국주의와 침략이라는 범주에는 무관심하죠. 흔히 자기 관점에서 세계를 본다고 하는데, 이는 곧 자기 범주에서 세계를 판단한다는 말입니다.

생각의 범주를 높여라

생각이 뛰어난 사람은 범주를 이탈합니다. 이때 비슷한 범주로 가는 방법도 있지만, 한 차원 높은 범주로 가는 방법이 더 강력합니다. 선에서 악의 범주가 아니라, 선과 악을 묶은 겨울과 여름, 전쟁과 평화, 포만과 굶주림의 상위 범주로 가는 겁니다. 그래야 겨울을 넘어 계절의 변화를 생각할 수 있고, 전쟁을 넘어 삶을 다룰 수 있고, 포만을 넘어 섭생을 사유할 수 있습니다.

헤르만 헤세가 쓴 《데미안》의 첫 장이 '두 세계'입니다. 주인공 싱클레어가 밝음과 어둠, 선과 악이라는 두 세계를 발견하는 이야기죠. 우리는 밝고 선한 세계를 추구하지만, 세상에는 그렇지 않은 면이 존재합니다. 괴로움과 가난, 질투와 질병 같은 어두운 면도 세상의 일부임을 발견하고 받아들일 때, 생각의 범주를 넓힐 수 있습니다.

며느리는 자기 입장에서 생각하기 때문에 시어머니의 범주를 알지 못합니다. 며느리가 시어머니의 범주로 가기는 쉽지 않습니다. 고객 입장에서 생각하려 해도 내가 고객이 아니기에 어렵습니다. 자식이 부모 마음을 모르는 것도 마찬가지입니다. 아무리 상대방 입장에서 생각하려 해도 잘 안 됩니다.

이때 더 차원 높은 범주로 가는 게 방법일 수 있습니다. 고객의 입장이 아니라 인간의 관점에서 보는 겁니다. 인문학과 철학, 공부는 이것을 연습하는 일이며, 생각의 차원을 넓히는 과정입니다. 이 과정은 노력과 깨달음의 시간이 필요합니다. 쉽지 않은 일이죠. 왜 이런 노력을 해야 하냐고요? 그래야 우리가 더 자유롭고, 더 좋은 삶을 살 수 있기 때문입니다. 시몬 베유가 강조하는 수직적 사유 또한 이런 의미로 이해할 수 있습니다.

냉철하면 냉철함이
나를 보호한다

철학의 위안

로마의 관료이자 철학자 보에티우스는 억울한 누명을 쓰고 처형당했습니다. 그는 감옥에서 집행을 기다리는 동안 자신의 삶을 돌아보며 《철학의 위안》을 집필하죠. 보에티우스는 운명과 인간의 자유의지를 다룬 이 책에서 자신의 억울한 죽음 앞에 인간 사회가 정의로 다스려지는지 의문을 품고 신에게 질문합니다. 세상이 신의 섭리로 움직인다면 인간에게 자유의지라는 것이 가능한지, 가능하다면 어떤 의미가 있는지 따지죠. 자신을 죽음으로 내몬 신에게 "너무하는 거 아니냐"는 항의입니다.

신은 어떤 대답을 내렸을까요? 물론 이 대답도 보에티우스가 신의 입장에서 하는 겁니다. 신은 "인간은 자유의지가 있다"고

합니다. 신적인 것에 집중할 때는 자유롭지만, 물질적인 것이나 악에 사로잡히면 이성을 잃고 노예가 되기 때문이라고요. 인간은 물질을 추구할 때 물질에 종속되고, 악한 생각에 사로잡히면 동물과 비슷한 상태가 됩니다. 반면 신성한 것, 선한 것을 추구하면 욕망과 감정에서 자유롭습니다. 이것이 신이 내린 운명과 인간의 자유의지에 대한 답입니다.

보에티우스가 지적한 문제는 우리의 행동과 노력이 좋지 못한 결과를 가져왔을 때, 받아들일 수 있는가와 관련이 있습니다. 좋은 재료를 사용하고 정성껏 만든 음식을 싼값에 판매하는 식당이 망하기도 합니다. 선량한 기업이 경쟁 업체의 덤핑 공세를 이기지 못하고 무너지기도 합니다. 이런 상황이면 누구나 신에게 삿대질이라도 하고 싶을 겁니다. 보에티우스가 얻은 답이 이들에게 위로가 될까요?

철학은 이 문제에 어떤 대안이 있을까요? 한 발 나아가 인간에게 정해진 운명을 개척할 힘이 있기나 할까요?

냉철함

석유왕 존 록펠러는 운 좋은 졸부가 아닙니다. 그는 냉철한 분석과 합리적인 의사 결정으로 사업을 일으킨 기업가입니다. 젊은 시절 그의 실력을 알아본 투자자들이 50만 달러를 내놓으며 유전 관련 투자처를 찾아달라고 부탁합니다. 록펠러에게는 자기 실력을 증명하고 돈도 벌 기회였습니다. 분석에 들어간 록펠러는 여러 유전을 둘러보며 투자처를 찾았지만, 마땅치 않아 빈손으로 돌아왔습니다. 투자자들은 어이가 없었습니다. 록펠러도 미안하기는 마찬가지였죠. 이 이야기는 록펠러가 어떤 사람인지 보여줍니다. 냉철한 그는 명확하게 분석하고 판단해서 아니다 싶으면 과감하게 손을 놓았습니다.

세상은 무질서한 듯 보입니다. 언제 어떤 일이 일어날지 모르니까요. 신이 하는 일을 인간이 어찌 짐작할 수 있겠습니까. 그런데 가만히 보면 혼돈으로 가득한 이곳에서 어떤 질서를 발견할 수 있습니다. 세상이 돌아가는 원리가 있죠. 스토아철학은 이 원리에 집중했습니다. 우주는 질서에 따라 움직이고, 이 질서를 따르는 것이 훌륭하게 사는 방법이라고 믿었습니다. 눈을 크게 뜨고 정신 차리면 일정한 흐름을 발견할 수 있고, 그 흐름을 활용하면 실수나 실패를 줄일 수 있습니다.

그런 점에서 신이 주도하는 환경 변화와 예측할 수 없는 미래에 대응하는 가장 중요한 전제는 냉철한 판단력이라고 할 수 있습니다. 정신을 맑게 유지하고 신중하게 판단하면 손실을 줄이고 기회도 잡을 수 있죠. 우리는 여유 자금이 조금만 생기면 투자로 돈을 불리려 합니다. 기업을 분석하지도 않고 주식부터 사는 경우가 많습니다. 제대로 투자하려면 공부하고 분석하고 냉철하게 판단해야 합니다.

> "신중하고 올바르게 행동하면 현실적인 이득을 본다. 정신을 맑게 유지하고 냉정하게 처신하라."
> ― 마르쿠스 아우렐리우스, 《명상록》

냉철함은 스토아철학의 중요한 과제입니다. 흔들리지 않는 냉정함과 지혜야말로 예측 불가능한 삶에서 올바른 판단으로 이득을 보는 필수 덕목이기 때문이죠.

감정 통제

잘못된 판단은 대부분 욕심에 기인합니다. 탐욕이 판단력을 흐리게 하거든요. 탐욕은 감정이고, 감정을 통제하지 못하면 무리한 투자와 비합리적인 결정을 내립니다. 스토아철학은 아파테이아(감정에 흔들리지 않는 상태)를 강조합니다. 삶의 여러 문제가 이성을 잃고 감정적 충동에 사로잡힐 때 발생합니다. 이성적인 사람이 사고를 치는 경우는 드물죠. 스토아학파는 이성을 중요하게 생각했습니다. 이성이 감정을 통제하고 불합리한 결정을 내리는 것을 막아주기 때문입니다.

길을 걸을 때 못에 찔리거나 발을 다치지 않도록 조심하죠? 마찬가지로 당신 정신의 최고 기능이 손상되지 않도록 최선을 다해서 주의를 기울여야 합니다. 고결한 삶은 무엇보다 이성에 달렸습니다. 당신이 이성을 보호하면 이성은 당신을 보호합니다.
— 에픽테토스

동물도 감각에 따라 반응합니다. 인간은 주어지는 감각에 그대로 반응하는 대신, 날뛰는 감정을 통제할 수 있습니다. 그 힘이 이성이죠. 감정은 통제가 잘 안 되기 때문에 훈련이 필요합니다. 심지어 좋은 일이 있어도 감정을 통제하지 못하면 문제가 생길 수 있습니다.

로또에 당첨되면 위험합니다. 감정을 통제할 수 없기 때문입니다. 큰돈이 생겼다는 기쁨이 이성을 마비시키고, 잘못된 판단과 행동을 낳죠. 사업의 성공도 위험할 수 있습니다. '해냈다' '성공했다'는 자만이 냉철함을 흐리게 합니다. 무리한 투자나 사업 확장으로 이어질 가능성이 크죠. 충동과 분노 같은 부정적인 감정은 물론, 성취감 같은 긍정적인 감정도 위험할 수 있습니다. 스토아학파인 에픽테토스는 좋은 일이든, 나쁜 일이든 결과에 초

월한 모습을 보이려고 노력했습니다. 자신을 통제하는 힘을 지
키기 위해서입니다.

배움

평정을 유지하려면 세상에 일어나는 일을 자의적으로 판단해
선 안 됩니다. 좋은 일이든, 나쁜 일이든 일어날 일은 일어나게
마련입니다. 그건 우주의 질서에 따라 일어날 수밖에 없는 일이
지, 인간의 몫이 아닙니다. 내가 산 주식이 매일 오를 순 없죠. 깡
통이 될 수도 있습니다. 그래서 모든 일은 정당하게 일어난다는
생각이 중요합니다.

스토아철학이 지금 우리에게 던지는 중요한 통찰이 여기 있습
니다. 세상만사가 내가 원하는 대로 진행되리라고 기대하지 말
라는 겁니다. 일어나는 대로 받아들일 때, 냉정을 유지할 수 있
죠. 세상에는 좋은 일도 없고 나쁜 일도 없습니다. 내가 판단하기
때문에 좋고 나쁘게 보일 뿐입니다. 판단을 멈춰야 제대로 볼 수
있습니다.

사람은 누구나 자기 일이 잘되기 바랍니다. 당연히 긍정적인
요소가 눈에 잘 띄죠. 보고 싶은 것만 보니까요. 이런 눈으로 냉
정한 판단을 얻기 어렵습니다. 평균 자책점이 낮은 투수는 감정

조절에 뛰어나다는 공통점이 있습니다. 만루 홈런을 맞아도 금방 평정을 회복하고, 다시 공 하나하나에 집중합니다. 경기 전에 상대 타자의 데이터를 철저히 분석하는 것은 기본이죠. 사업에서도 철저한 분석과 냉정한 판단이 필수입니다. 냉정이 사업의 성공 가능성을 높입니다.

내게 일어나는 일이 모두 나에게 도움이 된다는 생각도 스토아철학에서 배워야 합니다. 주가가 폭락해도 거기서 배움을 얻을 수 있으니 도움이 됩니다. 전문가들은 적은 돈으로 실습해서 배워보라고 권하죠. "내게 왜 이런 일이 생겼지? 착하게 살았는데"라는 신세 한탄은 자신감을 떨어뜨리고, 세상을 객관적으로 볼 수 없게 합니다. 마르쿠스 아우렐리우스는 말했습니다.

"힘겹고 고통스러운 일이 생길 때면 이렇게 생각하라. '이것은 불행한 일이 아니다. 고통스러운 일을 용감하게 견디는 것은 행운이다.'"

할 수 있는 것을 구분하는 힘

우리는 할 수 있는 것과 할 수 없는 것이 있습니다. 이를 명확히 구분하는 것이 중요합니다. 바꿀 수 없는 것을 바꾸려고 하다가 시간과 에너지만 소비하죠. 에픽테토스는 우리의 몸, 부잣집에서 태어나는 것, 뜻밖의 횡재, 남들의 평판, 사회적 지위는 마음대로 할 수 없다고 말합니다. 대신 자신의 의견, 갈망, 욕망, 혐오 같은 감정은 통제할 수 있습니다. 우리는 통제할 수 있는 것에 관심을 가져야 합니다. 직접적인 영향력을 행사할 수 있는 부분이죠.

세상에 일어나는 일은 우리 의지와 관계가 없습니다. 미국과 중국이 갈등하는 것을 우리가 어떻게 할 순 없습니다. 비가 오는 것도, 차가 많은 것도 어쩔 수 없는 일입니다. 우리가 어떻게 반응하느냐가 문제입니다. 우리를 뒤흔드는 것은 사건이 아니라 우리의 생각, 희망과 공포 같은 감정입니다.

개인적인 감정에 휘말리지 않고 사물과 세상을 있는 그대로 보려면 철학이라는 훈련이 필요합니다. 마르쿠스 아우렐리우스가 일기를 쓰며 하루를 돌아보고 생각을 점검한 것이 훈련이죠. 훈련을 통해 생각을 성장시키고 냉정을 지켜낼 수 있습니다.

마르쿠스 아우렐리우스가 말했듯이 "온 우주는 변화고, 인생은 의견"입니다. 내 의견으로 세상을 판단하면 감정에 휘말리기 쉽습니다. 세상을 이성으로 보려면 훈련과 노력이 필요합니다. 워런 버핏이 주식 투자를 처음부터 잘했을까요? 그는 어릴 때부터 책을 엄청나게 읽고, 연구를 거듭했습니다. 좋은 결과를 얻는 것은 노력의 결과고 실력이지, 운이 아닙니다.

세상은 신의 섭리에 따라 움직입니다. 우리가 보기에 그것은 늘 가변적이고 혼란스러울 뿐이죠. 그 변화를 살피고 분석하는 힘이 이성에 있습니다. 신은 이성을 발휘하고 감정을 통제하는 사람 편입니다. 우리는 이성적으로 냉정한 분석력과 판단력을 발휘할지, 감정에 휘말려 통제력을 잃고 즉흥적이고 충동적으로 반응할지 선택할 수 있습니다. 우리에게 자유의지가 있다면 바로 이것입니다.

"너에게 이성이 있는데 왜 활용하지 않는가? 네가 이성을 사용한다면 무엇이 두렵겠는가?"
— 마르쿠스 아우렐리우스

4부

사장은 어떻게

철학으로

강해지는가

Management
Philosophy

슈퍼맨에게는 쫄쫄이를,
사장에게는 철학의 외투를

몸의 외투

아카키 아카키예비치는 관청에 근무하는 만년 9급 관리입니다. 존재감 없이 정서하는 일을 하며 외롭게 지내지만, 무난히 말년을 보낼 수 있을 것 같았습니다. 어느 날 그의 외투가 속이 비칠 정도로 낡고 구멍이 나서 도저히 입을 수 없는 지경이 됩니다. 외투 없이 지낼 수 없기에, 힘겹게 모은 돈에 보너스를 합쳐 새 외투를 장만합니다.

새 외투를 입으니 자신이 전혀 다른 사람이 된 것 같았습니다. 불안과 우유부단함, 망설임이 사라지고 얼굴에 생기가 돌았으며, 스스로 목표를 정한 사람처럼 강인한 모습으로 변했습니다. 동료들도 새 외투 산 것을 축하하고, 그의 바뀐

모습에 긍정적인 반응을 보였습니다. 저녁 파티에 초대도 받았죠. 새 외투를 입은 날은 생애 최고의 날이었습니다.

파티도 유쾌했습니다. 시간이 가면서 피곤했던 그는 슬며시 나와 집으로 향하죠. 그러다 강도를 만나 새 외투를 빼앗깁니다. 경찰서와 높은 관리에게 도움을 청해봐도 소용없었습니다. 힘겹게 얻은 새 외투를 잃고 충격에 빠진 아카키 아카키예비치는 그 충격으로 쓰러져 죽고 맙니다. 그 후 도시에는 밤마다 관리의 모습을 한 유령이 나타나 도둑맞은 외투를 찾아다니며 사람들의 외투를 빼앗는다고 합니다.

니콜라이 고골의 단편 〈외투〉 이야기입니다. 외투는 찬 바람에서 우리를 보호합니다. 외투가 없으면 추운 날 밖에 나가기도 어렵죠. 외투가 몸을 보호하듯, 철학은 우리 영혼을 돌봅니다. 고단한 내면을 보살피고 안정감을 주며, 자신의 길을 힘차게 갈 수 있게 하죠. 우리 영혼에도 외투가 필요합니다.

건강한 철학

살다 보면 어려움이나 좌절을 만납니다. 이때 자기 철학이 있는 사람은 남에게 무시당하거나 일에서 좌절해도 상처를 덜 받습니다. 현재 상황을 냉철하게 정리하고, 어떤 태도가 좋은지 판단할 수 있기 때문이죠. 윌리엄 제임스가 말했듯이 "문제가 생기면 지금 자신이 아는 최선의 철학을 선택"하면 됩니다. 위기를 돌파하는 데도 철학은 필수입니다.

이때 철학이 건강해야 합니다. 돈이 최고라든가, 무조건 이기면 된다는 생각은 자신을 망치는 결과로 이어질 수 있습니다. 이 때문에 철학 공부가 필요하죠. 건강한 철학을 갖출 때 마음과 영혼도 건강할 수 있으니까요. 아카키 아카키예비치는 새 외투에 지나친 가치를 부여합니다. 외투 때문에 강인한 모습으로 변하고, 자기가 대단한 사람이 된 듯 느낍니다. 새 외투를 잃자 인생이 와르르 무너지고 맙니다.

현재 내 철학이 옳다, 훌륭하다는 생각은 지나친 가치 부여가 될 수 있습니다. 내가 옳다고 믿는 순간, 지식은 고루한 것이 됩니다. 나를 자유롭게 하던 철학이 오히려 나를 구속하죠. 사람은 새로운 편견이 필요할 때만 이전의 편견을 버립니다. 새로운 지식과 신선한 철학도 언제든 편견이 될 수 있습니다. 그래서 철학은 살아 움직여야 합니다. 철학은 갖는 게 아니라 하는 것입니다.

인문학이 필요한 이유

《희망의 인문학》을 쓴 얼 쇼리스 교수는 비니스 워커라는 여성을 만납니다. 그녀는 고등학교를 중퇴하고 할렘을 배회하던 에이즈 환자로, 교도소에 수감 중이었죠. 얼 쇼리스는 "사람들이 왜 가난하게 사는 것 같냐?"고 묻습니다. 그녀는 "우리 아이들에게 '시내 중심가 사람들의 정신적 삶'을 가르쳐야 합니다"라고 답하죠.

시내 중심가 사람들의 정신적 삶이 뭘까요? 물질을 넘어 정신을 돌봐야 한다는 말입니다. 연극이나 음악회, 강연회에 데리고 다녀야 한다며 방법까지 알려주죠. 인간의 삶은 의식주를 넘어 교류하고 느끼고 자극받고 깨닫고 감동하고 성숙해지는 정신적 요소가 필요합니다. 정신이 충만할 때 인간답고 활동적으로 살 수 있죠. 정신은 삶을 통제하고 운영하는 중심입니다.

세상은 호락호락하지 않습니다. 우리 뜻대로 되는 것이 별로 없죠. 열악한 가정환경에서 자란 사람은 취업의 곤란과 경제적 빈곤으로 어려움을 겪을 수밖에 없습니다. 교육받을 기회가 적으니 지식이 부족하고, 좋은 사람을 만날 기회도 드물죠. 힘든 노동과 상대적 박탈감은 마음을 통제할 수 있는 범위를 넘어 분노를 자극합니다. 직장에서 통제력을 발휘하지 못하고 사람들과 다투고 홧김에 그만둡니다. 심한 경우 반사회적인 행동으로 이어지기도 하죠.

이 모든 것이 정신적 빈곤과 관련 있습니다. 정신이 튼튼할 때 상황을 냉정히 판단하고, 자신에게 도움이 되는 행동을 선택할 수 있습니다. 이것이 시내 중심가 사람들의 정신적 삶이죠.

얼 쇼리스 교수는 이 경험을 바탕으로 '클레멘트 코스'를 만듭니다. 클레멘트 코스는 실직자나 노숙자 등 사회적으로 어려움에 직면한 이에게 인문학을 가르치는 프로그램입니다. 실직자에게 필요한 것은 일자리일 텐데, 왜 인문학 수업을 할까요? 정신 때문입니다. 외로움과 좌절감을 겪어본 사람은 그것이 생각할 능력을 잃게 하고, 인간성을 파괴한다는 것을 압니다. 새로운 직장을 얻어도 사람들과 잘 어울리고 일에 몰입하려면 통제력을 회복해야 합니다. 그래서 인문학이 필요하죠. 생각하는 능력, 철학을 훈련하는 것입니다.

생각하는 능력은 경제적으로 어려운 사람뿐만 아니라 자기 삶을 제대로 살아보고 싶은 사람에게도 필수적입니다. 니체는 "최고의 가치가 평가절하 될 때 허무주의가 일상이 된다"고 말합니다. 나다운 방식으로 살지 못할 때, 자기 방식이 좌절될 때, 삶은 재미없어집니다. 우리는 높은 연봉과 정년이 보장된 직장에 다니는 사람을 보면 '더 바랄 게 없겠다'고 생각합니다. 정작 그 사람의 내면은 '이건 내가 바라는 삶이 아니야'라는 불만이 폭주하는데 말이죠.

밖에 있는 사람들은 이해하지 못합니다. 탈출구 없는 일상은 허무주의, 우울로 이어지기 쉽습니다. 이때 자기 가치에 따라 살수 있는 용기가 필요합니다. 그러자면 자기 가치에 확신을 줄 철학이 있어야죠.

행복한 사람의 특징

"자신을 아는 사람은 무엇이 나와 맞는지 알기에, 할 수 있는 일과 할 수 없는 일을 분별한다네. 내가 아는 일은 해내고, 필요한 것은 얻고, 모르는 일은 피해서 과실을 범하지 않고 불운을 면하는 것일세."
— 크세노폰, 《소크라테스 회상록》

소크라테스는 지혜가 자기를 아는 데 있음을 강조합니다. 자기를 아는 것은 자기가 무엇을 할 수 있고, 어떤 가치에 가슴이 뛰며, 어떤 방법으로 살아갈 때 행복한지 아는 것입니다. 이는 행복한 사람의 특징이기도 합니다. 행복한 사람은 '나에게 행복은 이런 것'이라는 정의가 있죠. 그는 좋아하는 일을 하고, 자기 가치에 따라 선택합니다.

마니아나 '덕후'가 행복한 이유도 이와 관련이 있습니다. 이들은 무엇이 자기를 행복하게 하는지 알고, 그것을 위한 행동에 적극적입니다. 좋아하는 피규어를 모으고, 좋아하는 곳으로 여행을 하고, 좋아하는 차를 마시고, 좋아하는 음악을 듣습니다. 좋아하는 게 확실하고, 그것을 위해 돈과 시간을 사용합니다. 니체가 "하루의 3분의 2를 자신을 위해 쓰지 않는 사람은 노예"라고 말했듯이, 자기를 위해 시간을 쓸 수 있다면 삶의 주인이겠죠.

행복에 대한 자기 철학이 없다면 어떻게 될까요? 다른 사람이 가자는 곳에 가고, 좋다는 것을 따라 하고, 주변 상황에 맞추며 살 겁니다. 중심을 잡기 어렵고, 경험에서 재미와 보람을 얻기 힘들겠죠.

행복한 사람은 작은 것에서 즐거움을 자주 맛봅니다. 로또 일 등에 당첨되거나, 하루아침에 유명해지거나, 갑자기 고객이 열 배쯤 늘어나는 일은 현실적으로 불가능합니다. 큰 기쁨을 바랄수록 불행해질 수밖에 없습니다. 행복한 사람은 사소한 데서 기쁨을 발견합니다. 사소한 일은 언제든 가능하죠.

행복을 얻는 방법도 살필 줄 알아야 합니다. 우리는 돈이 많고 자기 마음대로 할 수 있을 때 행복하다고 생각하지만, 돈이 많아도 함께 즐길 사람이 없다면 외롭고 쓸쓸합니다. 행복한 사람은 좋아하는 사람과 시간을 보내는 데 돈을 씁니다. 사람은 좋아하는 사람과 함께 뭔가를 할 때 행복하니까요.

아카키 아카키예비치는 자기에게 어울리지 않는, 지나치게 화려한 외투를 입었습니다. 자기에게 맞지 않는 외투는 문제를 일으키죠. 그의 삶이 파멸에 이른 것은 외투를 잘못 선택했기 때문입니다. 내게 맞는 외투가 있듯이, 내게 어울리는 행복이 있습니다. 당연히 철학도 그렇습니다.

철학과 행복

행복에 자기 개념이 필요하듯, 생활에도 자기 철학이 필요합니다. 만나는 사람을 결정할 때, 사업 분야를 선정할 때, 책을 선택할 때, 심지어 샴푸를 고를 때도 철학이 필요합니다. 내가 어떤 외투를 입어야 어울리는지 알고, 그 외투를 골라야겠죠.

슈퍼맨은 적과 싸우기 전에 변신합니다. 양복과 안경을 벗어던지고 쫄쫄이를 입습니다. 쫄쫄이는 싸움을 위한 준비입니다. 쫄쫄이 없는 슈퍼맨은 어딘가 이상합니다. 힘을 쓸 수 없을 것 같죠. 배트맨도, 원더우먼도 마찬가지입니다. 그들에게는 자기만의 유니폼, 외투가 있습니다.

사업에는 일에 대한 자기 개념과 시장을 보는 철학자의 시선이 필요합니다. '사업을 하려면 철학자의 외투를 입어라.' 고골의 외투와 슈퍼맨의 쫄쫄이가 우리에게 던지는 교훈입니다.

경멸의 기술, 웃음으로
극복되지 않는 질투는 없다

웃음의 신, 모리아

우리가 이 세상에 태어날 때 우는 이유는, 바보들만 있는
이 큰 무대에 왔기 때문이다.
― 윌리엄 셰익스피어

우리가 사는 세상은 무대와 같습니다. 우리는 그 위에서 연극
을 하는 바보 배우입니다. 왜 사는지, 어떻게 살아야 하는지 모른
채 역할에 충실하기 때문입니다. 사는 이유와 방법을 모르니 주
어진 대로, 남들 하는 대로 따라 할 수밖에 없습니다. 셰익스피어
가 사람들을 바보라고 한 것은 이 때문일 겁니다.

에라스뮈스가 쓴《우신 예찬》에는 어리석은 여신 모리아가 등

장합니다. 지혜의 여신 미네르바의 적수로 나타나는 모리아는 태어날 때 울음 대신 웃음을 터뜨렸다고 하죠. 우리는 지식과 지혜를 대단한 것으로 숭상하지만, 모리아는 지식과 지혜가 만든 이론과 종교, 도덕 등을 마음껏 비웃습니다. 《우신 예찬》은 자기애에 도취한 모리아가 자신을 예찬하며 현자들을 꾸짖는 내용입니다. 문득 궁금해집니다. 모리아는 태어날 때 어떤 웃음을 지었을까요?

웃음은 다양합니다. 아양을 떨고 아첨하는 자본주의적 웃음, 왜 사느냐는 질문에 보이는 초월한 웃음, 황당할 때 실없는 웃음, 박장대소와 싸늘한 냉소까지. 이 모든 웃음이 인간의 것이고, 제각각 맡은 역할이 있습니다.

르상티망과 경멸의 웃음

> 마땅히 웃어야 하는 방식으로 그대들 자신을 비웃는 것을 배우라.
> — 프리드리히 니체

웃음에 관해서는 니체의 이야기를 들어볼 필요가 있습니다. 니체는 자기 자신을 비웃으라고 합니다. 왜 그래야 할까요? 그가 말하는 것은 자기 경멸입니다. 자기 힘을 부정하고 세상의 지식과 진리, 도덕을 받아들이는 자신에 대한 혐오죠. 이런 나를 경멸하라는 것입니다.

성공한 사람을 보면서 우리는 두 가지 감정이 듭니다. 하나는 상대방의 노력을 인정하고 박수를 보내는 긍정적인 반응이고, 다른 하나는 그들의 노력과 능력을 운이나 시류에 영합한 것으로 깎아내리는 부정적인 반응입니다. 이 부정적인 반응은 한마디로 질투죠. 자신이 성공하지 못한 것에 대한 불만을 상대방의 성공에 투사하는 것입니다.

니체에 따르면 질투는 르상티망(ressentiment), 원한에 기초한 것입니다. 그는 자기 생각이나 삶의 방식을 긍정하는 사람을 '강한 자' 혹은 '주인'이라고 부릅니다. 강한 자는 스스로 자기 가치를 부여하기 때문에, 다른 사람의 삶에 크게 신경 쓰지 않습니다. 당연히 그들의 성공에도 박수를 보낼 수 있죠. 자기 방식대로 살아가니 다른 사람의 성공을 시기할 필요가 없습니다. 자기와 타인의 차이를 인정하고 다른 생각을 긍정할 수 있습니다. 이런 사람은 자기 삶의 주인입니다.

반면 자기 가치를 부정하고 의심하는 사람은 '약한 자'입니다. 약한 자는 자신감이 없기에 잘나가는 주변 사람을 공격하고, 그들의 성공을 깎아내립니다. 성공한 사람을 질투하는 감정은 자기부정에 기초하죠. 약한 자는 노예도덕을 가지고 살아갑니다.

니체는 노예도덕이 강한 자에 대한 원한에서 비롯된다고 생각했습니다.

노예도덕은 자신의 힘을 부정합니다. 자신의 가치와 힘을 부정하면 타인의 가치를 추종할 수밖에 없습니다. 자기 생각이 약한 사람은 다른 사람의 생각에 따를 수밖에 없죠. 이 땅에 구원자, 영웅이 오기를 기다리며 특정한 정치인, 사상가를 추종하는 것은 일종의 노예도덕입니다. '나는 생각할 능력이 부족하다, 내 힘으로 살아갈 수 없다'고 인정하는 것입니다.

주인의 도덕을 가진 사람은 자기 욕망과 본능에 충실합니다. 다른 사람을 질투하느라 에너지를 소모하지 않죠. 다른 사람의 성공에 박수를 보내기 때문에 친구가 될 수 있습니다. 진심 어린 칭찬을 해줄 수 있는 사람은 주인의 도덕을 가진 사람입니다.

질투를 극복하는 힘, 경멸

질투, 노예도덕을 극복하는 방법은 뭘까요? 니체는 경멸을 말합니다.

더 사랑할 수 없는 곳에서는 스쳐 지나가야 한다!

경멸에는 두 가지가 있습니다. 하나는 세상과 대중, 타인이 추종하는 것에 대한 경멸입니다. 세상은 시장을 중심으로 돌아갑니다. 주식과 부동산, 연예인 이야기로 넘칩니다. 문제는 내 가치와 무관하게 세상이 만든 기준에 휩쓸리는 것입니다. 막스 베버는 정신적 가치는 땅에 떨어지고 물질적 가치가 최우선시되는 사회를 천민자본주의라고 불렀습니다. 돈이면 다 된다는 생각이 팽배한 지금 우리 사회가 떠오릅니다. 이런 환경에서 어떻게 살아야 할까요? 스쳐 지나가면 됩니다. 일종의 무시라고 할까요? '여러분은 그렇게 사세요. 저는 나름의 방식이 있습니다' 이런 식입니다.

다른 하나는 자신에 대한 경멸입니다. 살다 보면 어느새 세상의 욕망, 타인의 가치를 추종하게 됩니다. 그런 자신을 발견할 때, 자기 경멸이 필요합니다. 스스로 명령하고, 자기 가치를 추구할 힘이 있는데도 타인의 삶을 좇아갑니다. 타인의 가치를 좇으면 질투와 무기력 같은 부정적 감정이 지배하죠. 자기 삶이 아니기 때문입니다.

내 경멸이 열등감에 기초하는지, 자신감에 기초하는지 살펴야합니다. 열등감에 기인한다면 노예도덕, 질투의 감정일 테고, 자신감에 기인한다면 주인의 도덕, 힘이 근원일 것입니다. 자신감과 힘에 따른 경멸이야말로 자기 가치 창조의 원천이 될 수 있습니다.

사랑하는 자는 창조하려 한다. 경멸하기 때문이다! 자신
이 사랑한 것을 경멸할 줄 모르는 자가 어찌 사랑을 알겠
는가!

— 프리드리히 니체, 《차라투스트라는 이렇게 말했다》

  창조야말로 경멸의 가치입니다. 경멸을 통해 자기 가치를 찾
고, 그에 따라 살 수 있으니까요. 다른 사람이 돈을 좇을 때 자신
이 좋아하는 것을 따를 수 있다면, 그는 자기 가치를 창조한 사람
입니다. 다수가 같은 길을 갈 때 "No"라고 할 수 있다면, 그는 자
기 길을 가는 사람이겠죠.

  경멸의 가치는 조직에서도 중요합니다. 종전 가치를 경멸하
는 사람은 창의적인 눈으로 세상을 보는 사람입니다. 스티브 잡
스는 함께 일하는 사람이 실망스러운 결과를 냈을 때 "쓰레기 같
은 짓"이라며 자신을 경멸하라고 소리쳤습니다. 이 말을 들은 사
람은 정신적 충격이 컸을 겁니다. 하지만 시간이 지나면서 제대
로 해내지 못한 자기를 발견하고, 이전과 다른 방식을 시도합니
다. 그리고 주변을 놀라게 하죠. 스티브 잡스와 일해본 사람들은
"(그와 함께한 시간이) 고통스러웠지만, 덕분에 최고의 나를 경
험했다"는 이중적 평가를 합니다. 대충 넘어가는 자기를 경멸할
때 자기 극복이 시작됩니다.

두 번째 삶

서른 초반, 직장 생활은 무기력했습니다. 일에 흥미를 잃고 무의미한 날을 보냈죠. 직장이 싫었고, 새로운 일을 할 능력은 없었습니다. 직장 생활을 접고 성공한 사람들을 질투했습니다. 전형적인 노예도덕의 증상이었습니다. 앞이 보이지 않는 암담한 삶에서 빛을 발견한 것은 '이렇게 살고 싶지 않다' '이런 삶은 죽음과 같다'는 자기 경멸이었습니다.

경멸이 강해지자 다른 시도를 했습니다. 책을 읽고, 새로운 부서로 옮기고, 술자리 대신 글 쓰는 일에 시간을 할애했습니다. 그렇게 시간이 가고 책을 냈습니다. 물론 수없이 거절당하고, 다시 고치는 고단한 시간을 견뎌야 했죠. 그렇게 직장 생활을 그만두고, 글 쓰고 강의하는 삶으로 접어들었습니다. 그 배경에 자기 경멸이 있었죠. 노예 같은 삶에 대한 경멸, 자기 가치를 잃은 나에 대한 경멸.

자기 경멸에는 엄청난 용기가 필요합니다. 용기가 빠진 경멸은 소모적인 자기 비하로 끝날 수 있습니다. 니체가 "용기야말로 인간 역사의 전부"라고 말한 이유가 이것이죠. 다행히 저는 책이라는 친구가 있었고, 용기를 얻었습니다.

인생을 두 번째 사는 것처럼 살아라. 그리고 지금 당신이

막 하려고 하는 행동이 첫 번째 인생에서 그릇되게 한 바
로 그 행동이라고 생각하라.

— 빅터 프랭클,《죽음의 수용소에서》

빅터 프랭클의 말은 직장 생활로 힘겨워하던 제게 큰 용기가 됐
습니다. '지금이 두 번째 인생이라면 어떻게 했을까?' 생각했고, 다
른 선택을 했습니다. 주식 투자로 성공한 사람들 이야기보다 니체
와 빅터 프랭클, 사르트르의 철학이 훨씬 큰 도움이 됐습니다.

경멸의 기술

경멸의 기술을 '연구해본' 사람으로 말씀드리면, 경멸의 기술
가운데 최고는 웃음입니다. 모리아가 미네르바를 이기는 방식이
웃음이죠.

무심한 웃음(지나가소)_ 대중을 만났을 때, 나와 갈 길이 다
른 사람을 만났을 때, 다른 사람의 길을 좇아가는 사람을
만났을 때 사용하는 웃음입니다. 이때는 니체가 말했듯이
"웃으며 지나가거나" 지나가게 돼야 합니다.

냉정한 웃음(이러고 싶소)_ 다른 사람이 부러울 때, 질투심이 일 때, 남을 추종하는 나를 발견할 때 던지는 웃음입니다. 노예가 되려는 나를 향한 웃음이죠. "정말로 이러고 싶니?"

경이의 웃음(놀랍소)_ 자기 삶을 신나게 사는 사람, 초인의 길을 가는 사람, 실력이 뛰어난 사람을 향한 웃음입니다. 깜짝 놀라는 경이의 순간은 내가 어디로 가야 하는지 알려주는 이정표가 됩니다. 플라톤은 "경이에서 지식이 시작된다"고 했죠. 그들을 만나는 것은 긍정적 자극입니다.

웃음은 상황에 따라 다양하게 사용됩니다. 그 웃음이 세상에 대한 경멸인지, 자신에 대한 경멸인지 상황에 따라 다르지만, 분명히 자기 가치로 살아가는 데 도움을 줍니다. 프랑스의 실존주의 철학자 알베르 카뮈는《시지프 신화》에서 말합니다.

경멸로 극복할 수 없는 운명이란 없다.

새로운 분야에 도전하는
새로운 방식, '부캐'

지금은 부캐 시대

이름 : 김다비

출생 : 1945년

직업 : 계곡산장(오리백숙 전문집) 운영

특기 : 킬 힐 신고 약초 캐기

데뷔 : 정규 앨범 1집 〈주라주라〉

가족 : 아들 셋, 조카 김신영

가수 김다비가 TV 프로그램 〈아침마당〉에 출연했습니다. 자신을 비가 많이 내리는 날 태어난 개그맨 김신영의 둘째 이모라고 밝혔습니다. 진행자와 출연진은 그녀를 신인 가수로 대했고,

재치 있는 입담으로 즐거운 시간을 만들었습니다. 가수 김다비
는 개그맨 김신영입니다. 한마디로 부캐(부캐릭터)죠. 주변 사람
들은 김신영임을 뻔히 알면서도 김다비로 대합니다. 그렇게 주
민등록번호 없는 김다비라는 인간이 탄생했습니다. 유산슬(유재
석의 부캐) 이후 대한민국은 '부캐 놀이'가 한창입니다.

이름 : 정연권

직업 : 디지우드 대표

특기 : 나무 깎기

이력 : 모 중공업 과장 퇴직

정연권 대표는 직장에 다니다 퇴직하고 공방을 열었습니다.
중공업이 위기에 처하면서 대기업에도 칼바람이 불자, 재빠르게
직장을 나왔습니다. 조금이라도 젊을 때 새로운 일을 시작하자
는 생각이었죠.

30대 중반에 회사와 육아에 지쳐가며 내가 무엇을 위해
사는지 의문을 품었습니다. 독서하면서 내가 무엇을 좋아
했는지 찾아봤죠. 어릴 때 뭔가를 손으로 만드는 걸 좋아
했음이 떠올랐습니다. 그게 시작이었죠.

하비프러너(hobby-preneur)는 정 대표처럼 취미로 시작한 일을 전문적으로 발전시켜 창업에 성공한 사람을 가리키는 신조어입니다. 그런 사람이 얼마나 될까 싶지만, 주변에서 쉽게 찾아볼 수 있습니다. 취미로 시작한 보드 타기가 직업이 되고, 달리기하다가 건강 전도사가 돼서 이벤트 사업에 뛰어들고, 반려견을 키우다가 반려견 간식 만들기로 창업하는 경우까지 다양합니다.

시뮬라크르

플라톤은 근본, 근원을 강조한 철학자입니다. 그가 말하는 이데아는 변하지 않는 본질을 간직한 세계입니다. 이데아가 원본이라면, 시뮬라크르(simulacre)는 복사본이죠. 완벽한 인간이라는 원본이 이데아계에 있고, 복사된 인간 개체가 현실 세계에 있습니다. 이때 원본에서 멀어질수록 복사본의 가치는 떨어집니다.

장 보드리야르는 현대사회의 시뮬라크르 문제를 지적한 프랑스 철학자입니다. 그는 현대사회가 복사본의 천국이라고 지적합니다. 현대는 쉽게 자기 복제가 가능한 시대죠. '포샵'을 하면 이전과 전혀 다른 자기가 만들어집니다. 요즘은 동영상까지 포샵이 된다네요. 포샵은 본모습과 다른 내 이미지를 만듭니다. 나의 시뮬라크르인 셈이죠.

이런 사진이나 영상 등이 본래 모습과 다른 게 문제입니다. 진짜 자기 모습을 감추고, 가공·포장한 이미지를 만듭니다. 진짜와 가짜의 구분이 모호해지죠. 광고만 해도 어디까지 진짜인지 판단하기 어렵습니다. 원본은 지워지고 복사본의 이미지만 남습니다. 우리는 연예인의 본모습과 성격, 실제 생활은 모른 채 포장된 삶만 봅니다. 그것이 진짜 그 사람의 모습이라고 생각하죠. 원본은 지워지고 복사본이 지배하는 겁니다. '생얼'을 본 적이 없다면 화장한 얼굴을 진짜 얼굴이라고 생각합니다. 나쁘게 말하면 이미지 세탁이죠. 보드리야르가 시뮬라크르를 비판한 이유가 이 때문입니다.

시뮬라크르가 원본과 다르다는 이유로 비난받아야 할까요? 판단은 둘로 나뉩니다. 보드리야르는 시뮬라크르가 원본의 진실을 가리고 다른 이미지로 변질을 시도한다고 비판합니다. 반면 질 들뢰즈 같은 철학자는 이데아, 원본이야말로 획일적인 기준을 강요하는 일종의 폭력일 수 있음을 강조하며 시뮬라크르를 옹호합니다. 그가 보는 세상은 차이 그 자체입니다. 세상에 똑같은 것은 없습니다. 사물은 모두 다르고, 다르기에 자기 가치가 있습니다.

플라톤의 이데아론은 하나의 중심, 하나의 기준으로 세상을 판단하기에 '차이의 가치'를 은폐합니다. 그 기준에 들지 못하면 가치 없는 것이 되죠. 그래서 '탈주'를 강조합니다. 종전의 정체성, 삶의 양식에서 벗어나려는 시도가 탈주죠. 새로운 영역으로 이동하는 것은 삶의 고착을 막는 최선일 수 있습니다.

부캐의 의미

부캐나 하비프러너는 시뮬라크르와 유사합니다. 본래 내가 다른 나로 바뀌는 것이니까요. 하비프러너가 많아지는 것은 노동 시간이 줄고 남는 시간에 취미를 즐기는 사람이 늘었기 때문입니다. 임시직이 확대되면서 새로운 일을 준비해야 한다는 위기감도 한몫합니다. 젊은 층은 연봉보다 퇴근 이후의 시간을 확보할 수 있는 직장을 추구하는 경향도 강합니다. 취미와 놀이를 즐기며 삶을 충분히 누리려고 하죠. 그러다 보면 자연스럽게 '이걸로 돈도 벌 수 있겠다'는 생각을 합니다.

하비프러너는 취미가 업이 될 수 있음을 알려줍니다. 취미가 업이 된다면 그보다 좋은 일도 없겠죠. 즐기면서 돈을 버는 것은 누구나 바라는 일입니다. 제가 하비프러너에 주목하는 또 다른 이유는 자기 정체성을 바꾸는 계기가 될 수 있기 때문입니다. 직장인이든, 사업가든 한 가지 일로 살아갈 수 없습니다. 특히 사업은 어제 흥하던 일이 오늘 망할 만큼 변화에 민감합니다. 현명한 사업가는 잘될 때 새로운 사업을 준비하죠.

'지금 타고 있는 말이 죽었다는 것을 깨달았다면 곧장 뛰어내려야 한다'는 아메리카 원주민 속담이 있습니다. 당연한 말 같지만, 우리 행동을 보면 그렇지 않습니다. 우리는 타고 있는 말이 죽은 줄도 모르고 더 강한 채찍을 쓰거나, 기분 탓이라고 무시하거나, 심지어 죽은 말에게 먹이를 줍니다.

사업가는 한 가지 정체성을 고집해선 안 됩니다. 한 가지 정체성, 한 가지 사업, 한 가지 일에 매몰되면 위험할 수 있습니다. 새로운 정체성을 얻고 다른 일에 뛰어들 준비가 돼야죠. 언제든 자기를 바꿀 수 있어야 합니다.

하비프러너가 성공하려면 오래 해도 지치지 않을 정도로 좋아해야 합니다. 취미로 돈을 벌긴 어렵습니다. 한동안 배고플 각오를 해야죠. 고난의 시간을 버틸 만큼 그 일이 좋아야 한다는 말입니다. 시간을 견디고 오랫동안 그 세계에 머물다 보면 자기다움, 독특함이 드러납니다. 충분히 좋아해야 오래 할 수 있고, 오래 하다 보면 남다른 시도를 하게 되죠. 그 남다른 시도가 자기만의 독특함, 노하우로 드러납니다. 개성은 점점 강해지고, 개성이 강해질수록 나와 내 제품을 좋아하는 사람이 늘어납니다.

목공은 예쁜 공간에서 멋진 음악을 들으며 나무를 다듬는 낭만적인 일이 아닙니다. 현실은 단가와 납기를 맞추기 위해 매일 밤새며 소음과 먼지 속에 살아야 하는 거친 일입니다. 밖으로 보이는 모습이 아니라 정말 내가 하고 싶은 일인지 다시 생각해보고, 잠을 잘 수 없을 정도로 하고 싶다는 생각이 들 때 뛰어들 것을 권합니다.

시작하는 하비프러너를 위한 정연권 대표의 당부입니다.

정체성을 버려라

사람은 한 가지 직업 정체성을 가지려 합니다. 의사, 교사, 애널리스트, 엔지니어, 프랜차이즈 대표 등 명함에 새길 수 있는 분명한 정체성을 원합니다. 한 가지 정체성이 명확하면 내가 누구인지 확실해지기에 심리적 안정감과 프라이드까지 얻을 수 있습니다. 직업적 정체성이 분명한 것은 좋은 일이지만, 어떤 상황이 되면 그 정체성을 버릴 수 있어야 합니다. 직장인이라는 정체성을 버리지 않으면 사업가가 될 수 없습니다. 종전의 사업에서 눈을 떼지 않으면 새로운 사업의 기회는 잡을 수 없습니다. 엔지니어의 정체성을 버려야 성공한 기획자가 될 수 있고, 대기업 과장 직함을 던져야 공방에 뛰어들 수 있습니다.

다행인지 불행인지, 인간은 한 가지 정체성에 만족하지 못합니다. 직장인은 자기 사업을 꿈꾸고, 사업가는 새로운 사업으로 전환을 모색합니다. 그런 점에서 삶은 끊임없이 새로운 부캐를 만들어가는 과정인지도 모릅니다. 이를 위해 경계인(境界人)으로 사는 것이 유리할 수 있습니다. 경계인은 한 영역에 속하지 않고 여러 영역의 경계에 선 사람입니다. 정체성은 희미하지만 한 분야에서 다른 분야로 옮길 수 있죠. 여러 분야, 다양한 일을 연결해 새로운 아이디어를 얻기도 유리합니다.

부캐는 본업을 두고 새로운 업으로 방향을 전환하거나 확장을 시도할 때 도움이 됩니다. 출판계에서는 임프린트 방식을 사용합니다. 임프린트는 전문가에게 새로운 분야의 기획과 제작 전반을 맡기는 시스템입니다. 자기 계발서 전문 출판사가 인문 분야에 진출할 때, 전문 실력을 갖춘 사람에게 신규 브랜드를 만들어서 맡기죠. 새로운 장르에 도전할 때 가능성을 시험해보고, 리스크를 줄이는 데 도움이 됩니다.

21세기에 자기 정체성을 고집해선 안 됩니다. 하루가 다르게 변하는 시대에 한 가지 정체성을 고집하는 것은 죽음을 자초하는 결과가 될 수 있으니까요. 창조론을 뒤집고 진화론으로 세상을 놀라게 한 찰스 다윈은 말합니다.

가장 강한 자가 살아남는 것이 아니다. 가장 현명한 자가 살아남는 것도 아니다. 유일하게 살아남는 자는 변화할 수 있는 자다.

나를 버리면
내가 강해진다

미래가 두려운 이유

"나는 싫어." "내 생각에는…." "나 같으면…."

우리 대화는 '나'로 시작되는 경우가 많습니다. 내가 주어가 돼야 직성이 풀리는 것 같기도 합니다. 왜 그럴까요? 그래야 내가 안전하기 때문입니다. 나를 강조하면 다른 사람과 구별되고, 내 영역을 확보하면서 존재감도 드러낼 수 있습니다. 우리가 나를 강조하는 것은 나를 지키기 위함입니다.

불행히도 나를 강조하면 예상치 못한 문제가 생깁니다. 내가 누구인지, 어떻게 살지 심각하게 고민하는 일이 벌어지기 때문입니다. 나의 독립성을 강조하려면 내가 어떤 사람인지 결정하고 설명해야 합니다. 당연히 내가 어떻게 살지 분명히 보여줘야 하죠. 이런 생각은 삶을 무겁게 합니다. 생각을 자기중심적으로 만들고, 미래를 걱정하게 합니다.

자기 정체성을 고민하거나 미래에 대한 두려움이 강한 사람은 이 점을 기억할 필요가 있습니다. 사업이 어떻게 될까 두렵고 내일이 걱정된다면, '나'와 '내 사업'에 집착이 강하기 때문이라는 겁니다. 걱정을 없애고 발걸음을 가볍게 하려면 나라는 집착에서 벗어나야 합니다. 그러자면 연습이 필요합니다. 나에 대해 지나치게 생각하던 습관을 내려놔야 하니까요.

분인의 철학

하나뿐인 진정한 '나' 따위는 존재하지 않는다. 반대로 말하면, 대인 관계마다 드러나는 여러 얼굴이 모두 '진정한 나'다.

― 히라노 게이치로, 《나란 무엇인가》

일본 작가 히라노 게이치로는 '진정한 나'는 존재하지 않는다고 말합니다. 우리는 '나'를 독립된 개체로 인지합니다. 나를 고정된 존재로 보는 거죠. 하지만 실제로 경험하는 나는 관계에 따라, 상황에 따라 다른 모습입니다. 부모님과 있을 때, 직장에 있을 때, 친구와 있을 때마다 다른 나를 만납니다. 심지어 이야기하는 대상이 상사냐, 동료냐에 따라 말투와 표정, 말의 내용이 달라집니다. 히라노 게이치로는 이 모든 것이 '실제의 나'라고 합니다. 고정된 나는 없으며, 관계에서 드러나는 여러 얼굴이 모두 자기라는 겁니다. 고정된 내가 있다면 실생활에서 드러나는 다양한 모습은 대부분 만들어진, '가짜 나'가 됩니다.

진짜 내가 있다는 생각은 언어의 환상입니다. 내 몸이 있고, 그 몸을 규정하는 단어가 있기에, 고정된 정체성을 가진 나도 있다고 믿는 것입니다. 이런 논쟁은 철학사에 오랜 전통이 있습니다. 시작은 플라톤입니다. 앞서 봤듯이 플라톤은 고정불변하는 진리의 세계를 '이데아'라고 불렀습니다. 현실 세계는 모든 것이 변하기 때문에 진리가 있을 수 없습니다. 그래서 현실 세계는 이데아의 모방입니다.

이런 철학은 고정불변하는 진리, 진짜 내가 있고 현실에서 드러나는 내 모습은 그것을 모방한 가짜 나라는 생각으로 이어집니다. 당연히 진정한 나를 찾아야 한다는 주장이 나오겠죠. 진정한 나를 찾아야 한다고 생각하는 사람은 플라톤의 이데아 철학에 동의하는 것입니다.

히라노 게이치로가 플라톤에게 처음 반기를 든 사람은 아닙니다. 질 들뢰즈는 서양의 주류 철학인 플라톤주의를 비판하면서 시뮬라크르를 옹호했죠. 이데아가 원본이라면, 시뮬라크르는 복사본입니다. 수많은 시뮬라크르 가운데 원본에 가까울수록 훌륭한 것이고, 멀어질수록 못난 것입니다. 들뢰즈는 바로 이것을 공격합니다.

진리라는 기준을 세우면 그 진리를 따르지 않는 것은 모두 거짓이거나 오류가 될 수밖에 없습니다. 지도 교수의 학설을 따르지 않는다고 제자가 틀린 것이 아니듯, 수능 성적이 나쁘다고 인생이 잘못된 것은 아닙니다. 이데아라는 기준을 정하면 자칫 획일성이 가져오는 폭력에 지배당할 수도 있습니다. 들뢰즈는 세상이 어떤 기준이나 진리, 우월한 것 없이 차이 그 자체로 존재한다고 주장합니다. 그래야 세상 모든 것이 그 자체로 가치를 드러낼 수 있으니까요.

순간순간이 나일 뿐

히라노 게이치로는 '분인(分人)'이라는 개념을 사용합니다. 그가 말하는 분인은 '관계마다 드러나는 다양한 나'입니다. A와 관계에서 나, B와 관계에서 나, C와 사이에서 나… 수많은 내가 있습니다. 나는 관계마다 달라지고, 거기 어떤 중심이나 기준이 없습니다. 타고날 때 고정된 내가 없기 때문입니다. 타인과 관계에 따라 다르게 드러나고, 시간에 따라 모양이 변하는 나를 분인이라고 합니다.

우리는 정체성 찾기를 강요당하고 있습니다. 미디어가 발달하고 인간관계가 복잡해지면서 커뮤니케이션 능력도 강조되죠. 경쟁이 치열해져서 내가 누구인지 보여줘야 인정받고, 대중에게 존재감을 드러낼 수 있습니다. 그러다 보니 나라는 정체성을 강화하려 합니다. 불행히도 자기 정체성 강화는 자아에 대한 집착을 불러와서 '앞으로 어떻게 살아야 할지' 고민하고, 선명한 방향이 필요하다는 압력으로 작용합니다. 우리가 미래에 대한 고민으로 스트레스를 받는 것은 이 때문입니다.

자기 계발에서는 비전과 목표를 강조합니다. '목표가 없는 삶은 표류, 목표가 분명한 삶은 항해'라며 비전을 갖고 목표를 분명히 하라고 요구합니다. 목표가 있다는 것은 좋은 일입니다. 하지만 목표가 있어야 한다는 것이 압력으로 작용하면 심한 스트레스에 노출될 수 있습니다. 때로는 발길 닿는 대로 가보는 것도 필요합니다. 청소년에게 꿈과 목표를 가지라고 요구한 적이 있습니다. 이제는 그런 목소리가 잦아들었죠. 꿈과 목표를 가지라는 자체가 압력이 될 수 있음을 알았기 때문입니다. 우리 시대가 꿈과 목표를 갖는다고 이루기 쉬운 상황이 아니기도 하고요.

체계와 성실성

우리는 개성을 찾으려 합니다. 그래야 남의 말에 좌우되지 않고 자기를 소중히 여기며 자신감으로 살아갈 수 있습니다. 이는 개성이 분명한 사람이 누리는 장점입니다. 개성을 찾기가 쉽지 않다는 게 문제죠. 찾았다면 다행이지만, 그 때문에 스트레스를 받는다면 어떻게 해야 할까요? 이때 좋은 방법이 있습니다. 자신의 정체성을 열어두는 겁니다.

체계를 세우려는 자들은 성실성이 결여됐다.

니체가 한 말입니다. 니체는 체계를 세우는 데 반대합니다. 체계를 세우는 것은 '세상은 이렇다'고 설명하는 겁니다. '나는 이런 사람이다'라고 규정짓는 일입니다. 이렇게 세상과 나를 설명하려는 시도는 성실하지 않습니다. 자기 정체성을 찾아서 '나는 이런 사람이다'라고 규정짓는다면 다른 나, 다를 수 있는 나는 탈락합니다. 가능성이 많은 나인데, '나는 이렇다'고 규정하면 다른 나는 포기될 수밖에 없습니다. 성실한 사람은 체계를 세우는 대신 가능성을 열어두고 모든 것을 경험해보려 합니다.

이제는 너무 유명한 들뢰즈의 '노마디즘'이 니체의 성실성과 연결됩니다. 노마드는 정착하지 않고 끊임없이 이동하는 유목민을 뜻합니다. '나' 또한 한 가지 정체성으로, 한 가지 직업으로, 한 가지 성격으로 존재하는 게 아니라 새로운 나로 변해갑니다. 변하는 나, 가능성으로 열린 나야말로 진정한 나입니다. 이 모든 나를 발견하려는 의지야말로 성실함이며 노마디즘이죠.

4차 산업혁명으로 대변되는 다가올 시대는 한 가지 직업으로 살아갈 가능성이 거의 없다고 합니다. 정체성에 집착하는 사람은 자신을 특정 업종의 사장, 직장인, 엔지니어, 교사, 마케터, 작가로 규정합니다. 정체성에 대한 집착은 직업을 바꾸거나 새로운 일에 도전하기를 꺼리게 만듭니다. '나는 이런 사람'이라는 생각을 버릴 때 대리운전도, 영업도 할 수 있습니다. 평소 알고 지내는 분이 교사라는 직업이 있으면서도 일을 그만둬야 하는 상황이 되면 어떻게 할 거냐는 물음에 이렇게 대답합니다.

"시장에서 양말 장사할 거예요."

표현이 양말 장사지, 실은 자기 사업을 해보겠다는 말입니다.

개체의 철학에서 관계의 철학으로

히라노 게이치로는 자기를 한 개체로 인지하고 정체성을 규정하려는 철학에 반대하고, 관계의 철학으로 바꿀 것을 제안합니다. 자아는 고정된 하나가 아니라, 관계에 따라 달라지고 상황에 따라 변하는 유동적인 것입니다. 이렇게 '나는 누구인가'에 대한 정체성을 고민하는 대신, 경험하는 모든 것이 '나'라는 철학을 가지면 어떤 점이 좋을까요?

일단 '외롭고 고독한 나'가 사라집니다. 나는 혼자 독립적으로 존재하지 않고, 다른 사람과 관계에 따라 만들어지며 그 모양이 변하기 때문입니다. 다른 사람의 존재야말로 내가 있을 수 있는 조건입니다. 나는 상대방과 상호작용에서 존재하기에, 그가 없으면 나도 없습니다. 그와 함께하는 나는 외롭지 않습니다.

또 다른 이점은 자아에 대한 집착을 내려놓을 수 있다는 점입니다. 자기만 내세우는 것을 아집이라고 합니다. 자기에 빠져 자기를 붙잡는 것이 아집입니다. 불교에서는 모든 고통이 집착에서 온다고 합니다. 자기 정체성에 대한 집착은 고통을 불러올 수 있습니다. 그런 점에서 나를 놓아주는 철학의 이점은 분명합니다. 고정된 나를 내려놓고 그때그때 다른 나를 받아들이면 삶이 훨씬 가볍고 자유로워진다는 겁니다.

관계의 철학을 사용해 가볍고 자유롭게 살려면 어떻게 해야할까요?

나를 고정하지 말자_ 자기를 가두지 않는 것이 중요합니다. '나는 이런 사람'이라고 규정지으면 '나'라는 감옥에 갇힙니다. 다른 사람을 전제로 하지 않는 나는 없는데, 다른 사람을 제외하고 나를 찾으려고 합니다. 이때 나는 외롭고 쓸쓸한 존재가 됩니다. 내가 어떤 사람인지 찾는 일을 멈추고 모든 순간이 나임을 받아들이면 자유로워집니다.

관계에 충실하자_ 누구를 어떻게 사귀느냐에 따라 내 안의 분인 구성 비율이 변합니다. 그 구성 비율이 좋은 상태면 행복하고, 그때 사랑을 느낍니다. 사랑은 상대방의 존재가 자신을 사랑하게 해주는 것입니다. 동시에 나의 존재로 인해 상대가 자신을 사랑하게 됩니다. 나는 관계에 따라 만들어집니다. 행복한 내가 되려면 관계가 좋아야 합니다. 다른 사람과 관계에 충실할 때 좋은 내가 만들어집니다.

다른 나를 허용하자_ 직장인이 가장 두려워하는 것은 실직입니다. 사장이 가장 두려워하는 것은 파산입니다. 이런 두려움은 나를 특정 직업, 특정 조직과 일치시킬 때 커집니다. 예전처럼 한 직장이나 한 직업으로 평생 살 수 있는 시대가 아닙니다. 시대는 이렇게 변했는데, 우리는 여전히 한 직업으로 살려는 옛 패러다임에 있습니다. 여기서 두려움이 시작됩니다. 다른 직업으로 바꿀 수 있다고 생각하면 두려움도 사라집니다.

다른 사람을 성공하게 하면
나도 성공한다

불행한 이유

전날 밤의 즐거움이 클수록 아침의 권태는 깊어지게 마련
이다.
— 버트런드 러셀,《행복의 정복》

옛사람과 비교해 우리는 즐길 거리가 훨씬 많습니다. 쉽게 배
달 음식을 주문하고, 안방에서 영화나 게임을 즐기며, 유튜브에
접속해서 보고 싶은 영상을 마음껏 찾습니다. 편리한 삶은 욕구
를 쉽게 충족합니다. 빠른 욕구 충족에 익숙해지면 조용한 시간
을 견딜 수 없다는 게 문제입니다. 무료함과 권태를 견딜 수 없어
새로운 재미를 끊임없이 요구하죠. 과거와 비교해 권태의 정도

는 덜하지만, 권태에 대한 두려움은 훨씬 커졌습니다.

권태는 단순히 지루함의 문제로 끝나지 않습니다. 권태에 사로잡힌 사람은 뭔가 지속하는 힘을 잃어버립니다. 금방 흥미를 잃고 다른 것을 찾죠. 이런 태도는 사업에서도 드러납니다. 신나게 시작한 사업도 몇 달 지나면 흥미와 의욕을 잃고 시들해집니다. 이런 우리에게 철학은 어떤 처방을 내릴까요?

영국의 철학자 버트런드 러셀은 기호논리학을 집대성했습니다. 문학적 자질이 뛰어나 노벨 문학상을 받은 그는 98세까지 장수했으며, 자신의 삶이 충분히 행복했다고 말합니다. 러셀이 권태에 빠진 현대인의 삶을 바라보며 행복의 철학을 제시합니다.

철학자의 행복 비결

무엇보다 내가 삶을 즐긴 주된 비결은 자신에 대한 집착을 줄인 데 있다.
— 버트런드 러셀,《행복의 정복》

자신에 대한 집착이 강할수록 외로움을 많이 느낍니다. 다른 사람과 관계에서 겪는 갈등도 훨씬 크게 다가옵니다. 상대방은 저렇게 많이 가졌는데 나는 가진 게 없어 보입니다. 당연히 질투심도 강해지죠. 우리나라는 경제적 수준이 많이 높아졌습니다. 배고픔으로 고통받는 사람보다 우울증에 시달리는 사람이 훨씬 많습니다. 우리는 내일 아침을 먹지 못할까 두려워하는 게 아니라, 옆 사람보다 행복하지 못할까 걱정합니다.

인터넷에는 행복한 사람이 가득하고, 그들의 모습을 보면 나도 더 행복해지고 싶습니다. 이런 생각에 휘말리면 자기도 모르게 시야가 좁아지고 여유가 사라지죠. 일상을 누리지 못하고 쫓기며 삽니다. 이런 마음으론 행복에서 점점 멀어질 뿐만 아니라, 경쟁에서 이기기도 힘듭니다. 자신에 대한 집착이 시야를 좁게 만들고, 창의적이고 활동적인 삶을 불안과 스트레스로 채우기 때문입니다. 자신에 대한 애착이 행복을 방해하는 역설을 불러옵니다.

자신에 대한 애착이 잘못된 것은 아닙니다. 그 관심이 적극적인 활동으로 이어지지 않는 게 문제입니다. 혼자 꽁하니 생각하는 시간이 많아지면 고민과 외로움이 증폭됩니다. 러셀이 말했듯이 자신에게 관심이 깊어지면 "기껏해야 일기 쓰기에 매달리거나, 정신분석을 받으러 정신과에 가거나, 승려가 되는 길"로 이어질 뿐입니다.

러셀은 '외부'에 관심을 두라고 제안합니다. 외부에 보이는 관심은 생각을 넘어 활동으로 이어집니다. 활동은 분위기를 환기하고, 새롭고 신선한 자극을 제공하며, 무엇보다 자신에게 집착하는 시간을 줄여줍니다. 덕분에 불행한 수많은 원인에 집중하는 대신 외적 활동에서 만족을 발견합니다.

관심의 양이 행복의 척도다

외부에 보이는 관심은 많을수록 좋습니다. 딸기를 좋아하는 사람은 딸기를 싫어하는 사람이 맛보지 못하는 즐거움을 누립니다. 야구를 좋아하는 사람은 야구를 싫어하는 사람보다 즐겁습니다. 독서를 좋아하는 사람은 독서를 싫어하는 사람보다 행복합니다. 동료를 따뜻하게 대하는 사람은 동료를 싫어하는 사람보다 훨씬 만족스러운 직장 생활을 하죠. 관심 분야가 많고 주변 사람을 따뜻하게 대할수록 행복해질 기회도 늘어납니다. 관심 분야가 많은 사람은 자신이 좋아하는 어느 하나를 잃어도 다른 데서 행복을 찾아냅니다.

일도 마찬가지입니다. 일이 없는 것보다 있는 것이 행복합니다. 일은 온종일 뭘 할까 신경 쓸 필요가 없게 해줍니다. 일하지 않는 사람은 오늘이라는 시간을 어떻게 채울까 고민합니다. 사람에게 재미와 보람을 줄 수 있는 일이 많지 않다는 게 문제입니다. 그런 일이 있다 해도 쉽게 지치거나 질립니다. 영리한 사람은 사소한 일을 하느라 분주하게 지냅니다. 자신에 대한 집착을 버리고 권태를 예방하는 데 일만큼 좋은 것도 없기 때문입니다. 우리는 가끔 "그래도 사람은 일이 있어야 한다"고 말합니다.

일 때문에 스트레스를 받는 사람은 일에서 벗어나려고 하지만, 막상 일에서 자유로워지면 자신을 주체할 수 없어 공황 상태에 빠집니다. 돈을 떠나 일 자체에 충실하기 위해 노력할 필요가 있다는 말입니다. 일하고 돈도 벌 수 있으니 일거양득이죠.

인간에 대한 관심

외부에 보이는 관심은 고객에 대한 애정으로 드러납니다. 음식점에 가보면 손님을 따뜻한 마음으로 대하는지, 돈벌이 대상으로 대하는지 쉽게 알 수 있습니다. 주인의 인상과 태도가 보여주기 때문입니다. 손님에게 관심 있는 사람은 얼굴에 미소가 번지고, 마음이 여유롭고, 발걸음이 가볍습니다. 돈벌이에 관심 있는 사람은 자기에게 신경 쓰고, 심지어 손님을 귀찮아합니다.

돈을 위해, 나를 위해 사업을 하면 실패할까 불안합니다. 오직 돈에 관심이 있으니 다른 게 보이지 않습니다. 실제로 식당을 해서 크게 성공한 분은 돈 벌려고 장사할 때는 매번 실패했는데, 마음을 비우고 손님에게 신경 쓰니 잘됐다고 합니다. 자기에게 신경 쓰면 다른 사람이 보이지 않죠. 다른 사람에게 신경 쓸 때 그 사람도 나를 알아봅니다. 행복과 성공의 비결은 단순할 수 있습니다. 다른 사람에게 눈을 돌리고 집중하는 것입니다.

이런 성향은 독서에서도 발견됩니다. 자기 계발에 집중하는 사람은 자기와 성공에 관심이 많습니다. 문학, 철학, 역사 같은 인문학에 관심 있는 사람은 '인간'이라는 큰 주제에 마음을 둡니다. 나를 넘어서 인간과 세상에 관해 탐구할 준비가 돼 있죠. 청년은 자기에게 관심이 많습니다. 빨리 성공하고 돈도 많이 벌고 싶어 도전합니다. 젊음의 특권이죠. 자기를 넘어 인간 자체로 관심이 확대되려면 마흔은 넘어야 할 듯합니다. 인문학 강의하러 다니다 보면 수강생이 대부분 40대 이상입니다.

사업을 하려면 나를 넘어 인간을 봐야 합니다. 오늘만 볼 게 아니라 어제도 살피고, 내일도 내다봐야죠. 그러자면 나에 대한 관심을 줄이고, 외부와 타인으로 방향을 바꿀 필요가 있습니다.

자부심은 어디서 오는가

좋은 삶에는 자부심이 필요합니다. 자부심은 어디서 올까요? 돈을 많이 벌면 될까요? 잘생기면 될까요? 도움은 될 겁니다. 자신이 어떤 사람인지는 자기가 잘 알기에, 돈이나 외모만으로 진정한 자부심을 얻기 어렵습니다.

우리나라는 기술이 뛰어납니다. 손재주가 탁월하죠. 이런 실력이 세계적 브랜드로 이어지지 못하는 점이 아쉽습니다. 의류나 신발, 음식, 공작기계 같은 분야는 우리가 다른 나라보다 훨씬 역량이 있다고 봅니다. 역량이 있으나 세계적 브랜드로 성장하지 못하는 원인 가운데 하나는 우리 것, 내 실력에 대한 자부심이 부족하기 때문일 수도 있습니다.

훌륭한 기술과 역량이 있는 사람이 평범해지는 것은 자신을 인정할 줄 모르기 때문입니다. 자기를 인정하는 자존감이 없으면 다른 사람이 알아주지 않습니다. 한국적인 것이 세계적인 것이 되려면 우리가 먼저 한국적인 것에 자부심이 넘쳐야 합니다. 우리가 싸구려 취급하는데 누가 명품으로 알아줄까요? 초밥을 만들든, 벽지를 바르든, 글을 쓰든 자기 일에 가치를 부여하고 능력에 자부심이 강할 때 남들도 다르게 봅니다.

자부심은 일에 노력하는 자세, 사람을 대하는 태도에서 옵니다. 혼자서 아무리 "나는 멋진 사람이다"라고 외쳐도 소용없습니다. 내가 어떤 사람인지는 내가 잘 알죠. 오늘 하루를 어떻게 지냈는지 가장 잘 아는 사람은 나입니다. 자부심에는 그만한 행동이 필요합니다. 그러자면 일과 사람에 최선을 다해야죠.

다른 사람의 성공을 도와야 하는 이유

다른 사람에게 관심을 기울이고 그들의 삶을 지원하면 괜찮은 사람이 됩니다. 떳떳하고 당당해지죠. 내가 지원하는 사람이 잘되면 좋은 일을 했다는 자부심도 생깁니다. 요즘은 다른 사람이 성공할 수 있게 도와야 나도 성공합니다. 다른 사람이 잘되면 나도 잘되기 때문입니다. 식자재를 납품하는 사람은 그 식당이 잘되도록 해야 식자재가 잘 팔립니다. 프랜차이즈는 가맹점이 성공하도록 지원해야죠. 운동화를 파는 사람은 운동선수가 우수한 성적을 낼 수 있도록 돕고 응원해야 합니다. 학원 강사는 아이들 성적이 오르도록 해야 하고요. 그때 나도 성공하고 자부심이 높아집니다. 내 일이 나를 증명하니까요. 내가 운영하는 가게에 손님이 많고 그들이 행복하면 나도 행복합니다.

행복하고 싶다면 자기가 아니라 외부에 집중해야 합니다.

성공하고 싶다면 다른 사람이 성공할 수 있도록 도와야 합니다.

말이 품격을
만든다

카페 마블리

"카페 마블리에 가봤으면 좋겠어요."

"저는 오늘부터 우리 집 거실을 카페 마블리라고 부르기로 했어요."

"좋은 생각이네요. 전 카페에서 즐기는 '여분의 존재' 같은 느낌이 좋아요."

"맞아요. 이상하게 카페에서는 책도 잘 읽히더라고요. 여분의 존재 같은 느낌, 실존에 직면하기 딱 좋습니다."

사람들과 카페에서 이야기하고 있었습니다. 다른 테이블 사람들은 '저 사람들 뭐지?' 하는 표정이었죠. 알아들을 수 없는 이야기를 하니까요. 카페 마블리가 어디 있는지 궁금해하는 것 같기도 하고, 여분의 존재가 뭘 말하는지 갸웃하는 것 같기도 했습니다. 독서 모임 회원들과 이야기를 나누면 이처럼 다른 사람들이 의아한 눈길로 쳐다봅니다. 보통 사람들이 사용하지 않는 어휘가 들리니까요.

그날은 사르트르의 소설 《구토》를 읽고 모인 뒤풀이였습니다. 카페 마블리는 주인공 로캉탱이 자주 들르는 곳이고, 여분의 존재는 로캉탱이 세상에 자기 자리가 없음을 발견하는 순간의 감정을 표현하는 말입니다. 사람들은 자신이 왜 여기에 있는지, 왜 먹는지 모릅니다. 태어났으니까 존재하고, 배가 고프니까 먹습니다. 당연한 일인데 낯설게 느껴지죠. 이때 구토가 납니다.

실존은 '나는 누구인가' '어떻게 살까' 고민하는 인간 특유의 존재 양식을 말합니다. 자신이 왜 태어났는지 모르고 이 땅에 온 인간이 느낄 수밖에 없는 기분이죠. 알베르 카뮈는 이를 '부조리'라고 표현했습니다.

언어적 무능

아돌프 아이히만은 유대인을 학살한 나치 장교입니다. 그는 유대인을 수용소로 이송하는 책임을 맡고 수많은 사람을 학살한 주범이죠. 하지만 아이히만은 전범 재판에서 자신은 사람을 죽인 일이 없고, 왜 기소됐는지 모르겠다며 무죄를 주장합니다. 군인이 국가의 명령에 복종하는 것은 의무이며, 자신은 그 역할에 충실한 데 자부심이 들었다고도 했습니다.

정치철학자 한나 아렌트는 이 재판을 지켜보고 아이히만을 조사한 뒤, 그가 보통 사람임을 알게 됩니다. 나치 친위대에 가입할 것을 권유받았을 때, "그러지 뭐"라고 대수롭지 않게 대답했죠. 이 평범한 사람이 어떻게 수백만 명을 학살하는 일에 동참하는 전쟁범죄자가 됐을까요?

나치는 어떤 일을 하는지 사람들이 알지 못하도록 교묘하게 언어적 장치를 사용했습니다. 학살 대신 '최종 해결책', 전멸 대신 '물리적 해결'이라는 표현을 썼습니다. 학살은 사람을 죽이는 잔인한 일이라는 느낌을 주지만, 최종 해결책은 그런 느낌이 없죠. 나치가 언어로 사람의 생각을 지배한 방식입니다.

한나 아렌트는 아이히만이 그 희생자라며 세 가지 무능을 지적합니다. 말하기의 무능, 생각의 무능, 타인의 처지에서 생각하지 못하는 무능입니다. 말하기의 무능은 생각의 무능과 타인의 처지에서 생각하지 못하는 무능의 시작입니다. 말하는 능력이 생각하는 능력으로 직결되니까요. 아이히만은 실제로 관청에서 사용하지 않는 용어로 생각을 표현하는 데 어려움을 겪었습니다. 말하기의 무능이 생각의 무능을 낳고, 생각의 무능이 악행을 저지르게 만들었죠.

　인간은 복잡한 언어를 사용하는 동물입니다. 아리스토텔레스는 인간을 언어적 동물이라고 했습니다. 인간은 언어로 문제를 해결하고 소통하며 자기 의지를 실현하는 존재입니다. 언어철학은 언어와 생각이 긴밀하게 연관된다는 점을 발견했습니다. 인간은 언어로 생각합니다. 인간은 어려서 어휘를 배웁니다. 단어 하나를 배울 때마다 사용할 어휘가 늘어나죠. 그 어휘가 생각의 기초 단위가 됩니다. 우리의 생각은 언어에 의존합니다. 어휘를 알지 못하면 그 어휘와 관련된 생각을 할 수 없습니다.

　아이히만의 무능은 다른 생각을 할 수 있는 어휘의 부재에 원인이 있습니다. '내가 얼마나 끔찍한 일을 하는가'라는 생각을 할 수 없게 언어가 통제된 것입니다. 그는 스스로 생각해본 적이 없고, 늘 상부의 지시를 기다렸습니다. 아이히만의 이야기는 우리의 언어 사용, 어휘에 대해 다시 생각해보게 합니다. 언론에서 사용하는, 남들이 쓰는 어휘를 사용하면 나도 같은 생각을 할 수밖에 없습니다. 독서 모임 사람들이 다른 어휘를 쓰면 이상한 눈길을 받는 까닭이죠.

고전 독서의 힘

시카고대학교는 1892년 석유 재벌 존 록펠러가 설립했습니다. 당시 시카고대학교는 공부하기 싫어하는 부유층 자녀들이 기부금을 내고 가는 삼류 대학이었습니다. 1929년 로버트 허친스 총장이 취임하면서 '시카고 플랜'을 운영합니다. 학생들에게 위대한 고전 100권을 읽히는 프로그램이죠. 학생들은 고전을 읽고 담당 교수에게 평가를 받아 통과해야 졸업할 수 있었습니다. 공부하기 싫어 들어간 학교에서 고전을 읽다니, 학생들 불만이 이만저만이 아니었겠죠.

당연히 실패할 것 같던 프로그램은 대성공을 거둡니다. 처음에 고전을 읽어야 한다는 사실을 안 학생들은 거부반응을 보였습니다. 하지만 졸업하려면 어쩔 수 없으니, 울며 겨자 먹기로 꾸역꾸역 읽었습니다. 그러다가 점점 변화된 모습이 보입니다. 당시 그곳에 있지 않아 자세한 변화 과정은 알 수 없지만, 분명히 '독서 모임의 그것'과 같았을 겁니다.

처음 독서 모임에 오면 말 한마디 못 하고, 자신 없는 모습이 대부분입니다. 몇 달이 지나면서 말이 트이고, 생각을 조리 있게 표현하기 시작합니다. 몇 년 지나면 전문가 못지않은 언변으로 책을 써냅니다. 학생들도 마찬가지겠죠. 고전을 읽는 과정에서 개념을 알고, 새로운 어휘를 익힙니다. 평소에 사용하지 않던 어휘를 쓰면서 보통 사람과 다른 사유의 세계로 들어서죠.

"호밀밭의 파수꾼처럼 키우세요."

독서 모임에 오신 분이 한 말입니다. 《호밀밭의 파수꾼》은 제롬 데이비드 샐린저의 소설입니다. 기숙학교에서 쫓겨난 홀든 콜필드가 사흘 동안 방황한 이야기를 다뤘죠. 그는 호밀밭에서 노는 아이들이 절벽으로 떨어지지 않게 보호하는 일을 하고 싶다고 말합니다. 자유롭게 뛰놀 수 있게 하고, 위험한 상황이 벌어졌을 때 도와주는 것이 좋은 교육이라고 생각하죠. 자신이 부모님의 기대에 짓눌려 엄격한 학교에서 생활하다가 퇴학당했기에 가진 꿈인지도 모릅니다. '호밀밭의 파수꾼'은 아이를 방목하겠다는 의미로 사용됩니다. 이 책을 읽은 사람은 그분의 말에 고개를 끄덕였습니다. 읽지 않은 사람은 무슨 말인지 몰라 당황하거나 이해한 척 지나갔죠.

시카고 플랜을 경험한 학생들은 점점 이런 어휘를 사용하며 대화합니다. 다른 생각을 할 능력이 생겼죠. 한 권 한 권 쌓여 엄청난 사유의 폭발을 경험하고, 공부에 재미를 느껴 대학원에 진학하거나 사회에 진출해서 연구원으로 활동합니다. 시간이 지나 자기 분야의 전문가가 돼서 이름을 알렸죠. 덕분에 시카고대학교 출신 노벨상 수상자가 80명이 넘습니다. 이것이 고전 독서의 힘이자, 새로운 어휘를 사용하는 능력의 결과입니다.

사장의 언어

사람의 품격은 다양한 방법으로 드러납니다. 그중에서 말이 가장 두드러지죠. 《탈무드》《이솝 우화》《사기 열전》《카네기 인간관계론》 등 고전과 자기 계발서에서 '말을 조심해야 한다' '말을 잘 다뤄야 한다'고 무수히 강조합니다. 말은 그 사람이 어떤 사람인지 알 수 있는 가장 쉽고 직접적인 자료니까요. 말이 곧 인격입니다.

존경받는 사람은 말이 다릅니다. 오바마 전 대통령은 능변가입니다. 감동적인 연설로 사람들의 마음을 사로잡았고, 자신의 정책을 지지하도록 만들었죠. 그의 말을 들어보면 다른 사람과 다른 어휘를 사용합니다. 어휘는 그가 더 나은 존재, 뛰어난 생각을 하는 사람, 훌륭한 리더라는 느낌을 줍니다.

민주주의, 연대, 번영, 도전, 정의, 신념, 정신, 권리, 원칙….

오바마 전 대통령이 자주 사용한 어휘입니다. 보통 사람이 하기 어려운 말이죠. 단어의 뜻을 아는 것과 실제로 사용하는 것은 전혀 다른 문제입니다. 그는 이런 어휘를 사용해도 전혀 어색하지 않은 사람이죠. 트럼프 전 대통령이 사용한다면 좀 이상할 겁니다. 그에게 어울리는 단어가 아니니까요.

사람은 자신의 관심사와 관련된 단어를 많이 사용합니다. 경제에 관심 있는 사람은 투자, 수익률, 배당, 리스크 같은 어휘를 자주 씁니다. 역사에 관심 있는 사람은 영웅, 시대, 민중, 혁명, 왕조 같은 단어를 많이 사용하겠죠. 사업을 하는 사람은 매출, 손실, 인건비, 수익 같은 말을 쓰고요. 하는 일과 관련된 용어를 많이 사용하기 때문에 생각도 따라갈 수밖에 없습니다.

철학이 있는 사장은 자신이 추구하는 가치와 관련된 용어를 사용합니다. 행복, 보람, 긍지, 즐거움, 유익함 같은 어휘가 그의 개성이 되고, 인품이 되고, 사상이 되어 주변 사람들에게 퍼집니다. '우리 사장님은 다르구나' '이 집 사장님은 특별하구나' 생각하도록 만들죠. 남다른 생각, 훌륭한 철학에는 그에 맞는 어휘가 있습니다. 존경받는 사장이라면 이런 고민을 할 겁니다. '오늘은 어떤 어휘를 사용할까?'

말이 행동이다

"나는 괴물이 아니다. 나는 그렇게 만들어졌을 뿐이다. 나는 오류의 희생자다."
— 한나 아렌트, 《예루살렘의 아이히만》

아이히만은 자신이 희생자라고 강조했지만, 사람들에게 그는 학살에 동조한 괴물이었습니다. 그를 엄청난 범죄자로 만든 것은 무엇일까요? '무사유'입니다. 한나 아렌트는 "이런 무사유가 인간 속에 존재하는 모든 악을 합친 것보다 큰 파멸을 가져올 수 있다"고 지적합니다. 그리고 다음과 같이 말하죠.

말과 사고를 허용하지 않을 때, 악은 우리 삶에 깃든다.

반대로 특별한 말, 철학적 어휘를 사용하면 놀라운 생각, 훌륭한 인품이 드러납니다. 철학이 있는 사장, 품격 있는 리더는 말이 다릅니다.

약점이 나를
인간답게 한다

비뚤어질 테다

가끔 그런 날이 있습니다. 할 일이 산더미 같은데 침대에서 뒹굴고 싶은 날, 중요한 약속을 일부러 펑크 내고 싶은 날, 밖에 나가 '지나가는 사람의 모자를 일부러 벗겨버리고 싶은' 날… 한마디로 비뚤어지고 싶은 날입니다. 잘나가는 개그맨이 술 마시고 운전해서 무사히 집 앞에 도착한 뒤, 제 발로 경찰서에 가 음주운전을 했다고 자수한 일이 있습니다. 사람들은 유명인의 어이없는 행동에 고개를 갸웃했지만, 그런 날도 있는 법입니다. '정상적인 날'이 목을 옥죄는 날에는 일탈이라도 하지 않으면 숨이 막혀 죽을 것 같으니까요.

프랑스의 철학자이자 작가인 장 그르니에는 일상에 도사린 온갖 유형과 무형의 조각을 관조적인 시각으로 그린 것으로 유명합니다. 그는 《섬》이라는 책에서 일상의 의무가 '부조리'하게 느껴질 때 '반항'하고 싶은 충동이 일어난다고 말합니다. 우리 삶에는 견디기 어려운 뭔가가 있으니까요. 부자건 가난하건, 지위가 높건 낮건 상관없습니다. 인간은 아무리 좋은 조건에 산다 해도 직분과 의무에서 자유로울 수 없기 때문입니다.

이는 우리가 부조리를 인지하면서 느끼는 근본적인 감정과 관련이 있습니다. 장 그르니에의 제자 알베르 카뮈는 《시지프 신화》에서 부조리를 지적합니다. 부조리란 논리적으로 이유를 설명하기 어려운 것을 말합니다. 우리는 우주가 왜 있는지, 인간은 어떻게 태어났는지, 왜 살아가는지 모릅니다. 우주와 인간의 삶을 생각해보면 황당할 뿐이죠. 왜 우주가 있고, 지구가 있고, 인간이 있을까요? 우리는 어떤 목적을 위해 살아갈까요? 설명할 수도, 이해할 수도 없습니다. 바로 여기서 부조리의 감정이 싹틉니다.

인간은 동물과 달리 의식이 있습니다. 자기와 세계를 구분하는 힘입니다. 그 힘으로 세계를 파악하고 주체적으로 살아가지만, 이것은 불행의 원천이기도 합니다. 우주는 왜 어떻게 만들어졌는지, 나는 누구인지 알 수 없는 문제에 직면하게 하기 때문이죠. 이런 부조리한 상황에서 연극배우 같은 모습으로 살아가는 자신을 떠올리면 삶이란 참으로 어이없다는 생각이 듭니다. 부조리를 감지하는 순간입니다.

카뮈는 갈릴레이의 이야기를 통해 부조리의 순간을 말합니다. 갈릴레이는 지구가 돈다는 진리를 밝혔다가 목숨이 위협받자, 너무나 쉽게 진리를 포기합니다. 카뮈는 그가 잘했다고 말합니다. 지구가 태양 주위를 돈다는 진리는 그를 화형대로 내몰 만큼 가치 있지 않기 때문입니다. 지구가 태양 주위를 도는지, 태양이 지구 주위를 도는지 따위는 세상의 부조리에 비하면 정말 하찮으니까요. 내가 왜 여기 있는가, 왜 살아가야 하는가에 비하면 전혀 중요하지 않습니다.

부조리에 직면하면 난감해집니다. 바람직하고 정상적인 일상을 살던 사람이 부조리를 인식하는 순간 지적인 반항 혹은 내면의 분노가 일고, 곧 말썽을 일으키고 싶은 강렬한 욕구로 이어집니다. 비뚤어지고 싶은 욕구는 바로 여기에 기인합니다.

지하생활자의 치통

도스토옙스키는 소설 《지하생활자의 수기》에서 병적인 자기 비하의 모습을 보이는 인물에 관한 이야기를 다룹니다. 한때 관청에서 일한 그는 사람들과 왕래를 끊고 홀로 지하에 살며 자의식에 사로잡혀 자신을 괴롭힙니다. 자신이 병적인 인간이라고 말하며 말썽과 치욕을 통해 존재감을 드러냅니다. 초대받지 못한 친구의 환송 모임에 억지로 참석해서 굴욕을 당하고, 힘들게 사는 창녀를 찾아가 마음씨 좋은 사람 행세를 한 뒤, 그녀가 찾아오자 모진 말로 모욕을 주며 희열을 만끽합니다. 그는 왜 이런 짓을 할까요?

그는 "인간은 자신에게 무엇이 이익이 되는지 뻔히 알면서도 그 선택을 하는 대신 엉뚱하고 곤란한 모험의 길로 접어드는 동물"이라고 말합니다. 미국의 임상심리학자 앨버트 엘리스는 인간은 합리적이면서도 비합리적인, 복합적이고 모순적인 존재라고 봤습니다. 자기를 보호하고 행복을 누리고 소통하고 자아를 실현하는 욕구에 따라 움직이면서도, 자신을 파괴하고 일을 미루고 말도 안 되는 미신을 믿고 성장을 일부러 회피하기도 한다는 겁니다.

도스토옙스키는 자기를 비하하고, 수모를 겪는 데서 쾌감에 젖는 지하생활자의 이야기를 통해 내 안의 또 다른 나를 만나게 합니다. 고통으로 희열을 맛보는 그는 말합니다.

치통에도 희열은 있다.

비밀의 희열

치욕을 통해 일종의 카타르시스를 느낀다니 이상하게 들린다고요? 그렇다면 여러분은 아직 이성적인 사고 안에 산다고 볼 수 있습니다. '세상은 이렇게 살아야 한다'는, 문명이 만든 이성의 테두리에 갇힌 셈입니다. 우리는 일탈하고 싶은 마음이 들 때도 쉽게 자신을 설득하며 일상으로 돌아옵니다.

철학은 일상적이고 정상적인 삶의 방식에서 벗어나는 이야기를 던집니다. 자기 비하, 말썽, 치욕 같은 감정과 사건에 맞닥뜨리게 합니다. 사람들이 위험하다고 말하는 것을 일부러 드러냅니다. 그래야 새로운 나, 다른 세계를 만나고 뜻밖의 깨달음을 통해 삶을 확장할 수 있기 때문입니다.

장 그르니에는 비밀스러운 삶의 소중함을 말합니다. 이탈리아 어느 도시 부근에 사는 그가 집에 돌아오는 길에 높은 두 담장 사이 골목을 지나며 재스민과 라일락 꽃향기를 맡습니다. 꽃은 담장에 가려 보이지 않지만, 걸음을 멈추고 오랫동안 꽃향기에 물들었죠. 그 순간 자신이 사랑하는 꽃을 담장 속에 숨겨둔 사람의 심정을 이해할 수 있었다고 합니다. 어떤 열렬한 사랑은 주위에 굳건한 성벽을 쌓아두려 하죠. 그가 보기에 이것이야말로 하나하나의 사물을 아름답게 만드는 비밀이었습니다. 비밀이 없으면 행복도 없습니다.

이유는 설명할 수 없지만, 인간은 감춰진 데서 행복을 발견합니다. '나만의 것'이라는 비밀은 숨겨둔 것을 더 소중하게 만듭니다. 사랑하는 사람을 남들이 손대지 못하는 곳에 두고 독차지하고 싶은 마음이라고 할까요. 윤종신이 부른 '도착'에 "잘 도착했어. 제일 좋은 건 아무도 나를 반기지 않아"라는 노랫말이 있습니다. 아는 사람이 아무도 없는 비밀스러운 삶의 편안함과 자유를 노래합니다. 실연당한 뒤에 발견하는 깨달음입니다.

비밀스럽게 살고, 자기를 보잘것없는 사람으로 보이게 만들며, 격이 낮은 사람과 어울리면서 얻는 통쾌함은 부와 명예 같은 이성적 행복을 꿈꾸는 이들은 이해하기 어려운 감정인지도 모릅니다. 하지만 자신에게 주어진 사회적 가면을 벗어던지고 내키는 대로, 변덕에 따라 행동하는 즐거움은 경험해보지 않아도 알 수 있습니다. 이름 없는 술집에서 "나름대로 멋을 부린 마담에게 실없이 던지는 농담" 같은 낭만입니다. 타인의 시선에 신경 써야 하는 사장님들은 누구보다 이런 마음을 잘 이해하시겠죠.

자기를 비천하게 느끼고 싶은 욕구, 자기를 비하하며 일부러 치욕을 당하려는 시도는 자신을 숨기고 살아가려는 은밀한 욕구와 맞닿아 있습니다. 나약한 내면에서 비롯된 이런 욕구는 일상에 대한 반항이나 분노와 만나 지하생활자 같은 존재를 탄생시키기도 합니다.

치욕을 통해 영감을 얻다

장 그르니에는 귀중한 것을 드러내지 않는 비밀스러운 삶을 예찬하며, 그 비밀에 몸을 숨겼을 때 비로소 동냥하듯 살아가는 '치욕'을 통해 '영감'을 얻는다는 사실을 알아챕니다. 치욕을 통해 얻는 영감이라니, 대체 무슨 말일까요? 우리가 혼자 살다가 혼자 죽을 수밖에 없는 운명이라는 것, 남의 시선이나 생각 따위는 이에 비하면 아무런 가치도 없다는 것, 세상의 부조리 앞에서 실직이나 가난이나 외로움 따위는 사소할 수 있다는 겁니다.

비밀스러운 삶은 자신이 누군지 밝히지 않고 시시덕거리며 허송세월할 수 있는 자유를 줍니다. 이런 삶이야말로 사회적 가면 뒤에 가려진, 우리가 잃어버린 본래 모습인지 모릅니다. 비밀스러운 삶은 우리의 참다운 모습을 발견하도록 돕습니다. 허송세월하는 인간이야말로 진짜 살아 있는 인간일 수 있습니다. 우리가 돈을 벌고, 시간을 아끼고, 사람을 사귀는 이유가 허송세월하기 위함이니까요. 겉으로 치욕 같지만, 허송세월이야말로 진짜 삶입니다.

노동으로 살아가는 궁핍한 사람도 마찬가지입니다. 밥벌이를 위해 힘겹게 출근하며 하루하루 연명하는 현실은 잔혹할 정도죠. 그들에게 희망이 있다면 병에 걸리는 것뿐입니다. 병원에 누워 호화로운 생활을 할 수 있으니까요. 일하지 않아도 되고, 편안히 세끼를 먹으며 TV 채널만 돌려도 괜찮은 날입니다. 병이 일상의 정상적이고 이성적인 삶에서 벗어나게 해주는 겁니다. 이때 우리는 돈, 명예, 남의 이목 같은 것이 아무 의미가 없음을 깨닫습니다. 병실에 누워 허송세월하다 보면 '이게 진짜 삶이구나' 싶은 생각이 듭니다.

장 그르니에는 삶이 부조리하다는 걸 발견하는 순간에 대해 말합니다. 우리는 일상에서 이성을 사용하며 목숨을 연명하기 위해 기를 씁니다. 그러는 동안 세계의 부조리를 잊기 쉽죠. 우리가 인식하든, 인식하지 않든 세상은 부조리합니다. 게다가 비밀스러운 삶을 추구하는 욕망과 궁핍한 삶의 끝에 이르면 일상적 노력이 부질없음을 발견합니다. 그때 얻는 영감이란 '삶은 아무것도 아니다'라는 깨달음일 겁니다. 그러니 망가져도 괜찮고, 허송세월해도 괜찮습니다. 치욕스러운 삶이면 어떤가요? 치욕은 아무것도 아닙니다. 어차피 세계는 부조리하고, 우리는 죽을 테니까요.

우리는 일상으로 돌아가겠지만, 비밀스럽고 망가진 일탈과 치욕을 경험한 나는 이전의 나와 다를 겁니다. 규칙적 행동과 경직된 사고의 틈을 비집고 들어선 새로운 희열이 나를 다른 존재로 만들어줄 테니까요.

장 그르니에의 철학은 의무적 삶, 성공 지향적 삶이 불러오는 반항심을 알려줍니다. 비밀스럽고 자기를 비하하는 인간의 모습을 이해할 수 있게 합니다. 비밀스러운 삶, 자기 파괴, 망가짐의 희열을 통해 '작은 구원'에 도달할 수 있음도 알려줍니다. 어깨가 무거운 사장님이 있다면 장 그르니에의 철학에 기대 잠시 쉬어도 좋을 듯합니다.

강점은 우리를 먹여 살리고, 약점은 우리를 인간답게 합니다.

사업은
음모다

불행의 시작

가난한 나라와 부유한 나라 사람 중 누가 더 행복할까요? 통계
는 일관성이 없습니다. 가난한 나라가 행복하다는 결과도 있고,
부유한 나라가 행복하다는 결과도 있으니까요. 이런 조사는 큰
의미가 없습니다. 설문 조사는 조사일 뿐이고, 행복은 '내가 어떻
게 느끼냐'는 문제이기 때문입니다.

어린 시절, 단칸방에 네 식구가 모여 살았습니다. 아버지는 일
용직 노동자고, 어머니는 호떡 장사를 했습니다. 전세방은 꿈도
꾸지 못하는 사글세 처지였죠. 연탄불로 난방을 하고, 물을 데워
세수했습니다. 간밤에 연탄불이 꺼지면 아침에 얼음물로 세수한
기억이 생생합니다.

문제는 화장실이었습니다. 주인집까지 다섯 가구가 함께 사는 판자촌에 화장실이 하나인데, 남자 칸과 여자 칸이 나란히 있었습니다. 서로 잘 알다 보니 옆 칸에서 힘주는 소리에 표정까지 떠올랐죠. 그래도 크게 불편하지 않았습니다. 아침에 화장실 앞에서 줄 서는 것이 힘든 정도였습니다.

어려운 환경에도 불행하다고 생각하지 않은 것은 이웃도 그렇게 살았기 때문입니다. 연탄불이 꺼지면 불을 빌려주고, 정전이 되면 한 집에 모여 앉아 밤늦도록 이야기를 나눴습니다. 옆집에 숟가락이 몇 개인지 알 정도였지만, 사생활 침해로 시끄러운 일은 일어나지 않았습니다.

어느 날 아버지가 은행 부지점장이라는 친구네 집에 갔습니다. 콘크리트로 지은 집에 처음 가본 때일 겁니다. 지금으로 치면 평범한 중산층이지만, 당시에 그런 집은 흔치 않았습니다. 장식장에 놓인 돌을 보고 깜짝 놀랐습니다. 왜 돌을 수집하는지 이해할 수 없었죠. 최근에 그 비슷한 돌을 영화 〈기생충〉에서 봤습니다. 양주도 기억납니다. 갈색 술 수십 병이 가지런히 진열돼 있었습니다. 친구가 혼자 쓴다는 방에는 TV에서나 보던 침대가 있더군요.

그 후 친구가 달리 보였습니다. 옷도 다르고, 행동도 다르고, 씀씀이도 다른 게 눈에 들어왔습니다. 친구가 부러웠습니다. 볼 필요가 없는 것을 본 탓입니다.

에피쿠로스의 처방전

헬레니즘 시대 철학자 에피쿠로스는 상대적 박탈감의 문제를 잘 이해하고, 명확한 처방까지 만들어 실천했습니다. 그의 처방은 지금 우리에게도 분명한 행복의 길을 제시합니다. 예나 지금이나 인간의 본성과 사회적 조건이 크게 다르지 않기에, 옛사람의 철학 살펴보기는 의미 있습니다.

에피쿠로스는 재산을 털어 정원이 딸린 집을 구하고, 그곳에 학교를 열었습니다. 집 앞 정원을 학교처럼 운영해 정원학교라 불렸습니다. 정원에 사람들을 모아 철학을 가르치고, 숙식을 함께했습니다. 그가 철학을 배우는 공동체를 만든 이유는 뭘까요?

> 가장 순수한 안전은 대중의 고요와 은거에서 생겨난다.
> — 에피쿠로스, 《쾌락》

에피쿠로스는 대중에게서 멀어지기 위해, 쓸데없는 지식과 정보를 차단하기 위해 공동체를 만들었습니다. 필요 없는 정보, 무의미한 지식은 무익함으로 끝나지 않습니다. 우리의 소중한 시간을 잡아먹고, 불행할 수 있는 감정을 불러옵니다. 지금 우리는 예전보다 훨씬 많은 지식과 정보에 노출됩니다. 인터넷만 접속해도 내가 불행한 이유를 알려주는 수많은 정보를 너무나 쉽게 발견할 수 있습니다.

현대사회를 대중사회라고 합니다. 대중은 대량생산과 소비에 익숙하고, 생각의 패턴이 획일화되는 경향이 있습니다. 사회가 흘러가는 방향에 따라가는 것이 대중이기 때문입니다. 비판적 사고로 자기 생각을 펼치기보다 충분한 돈, 안전한 삶처럼 사회가 말하는 욕망에 이끌립니다. 이런 경향이 자기다운 삶을 저해합니다.

에피쿠로스가 대중에게서 멀어지라고 하는 이유가 이 때문입니다. 대중은 "네 인생을 사는 것은 위험해. 사람들이 중요하다고 말하는 소리를 들어"라고 외칩니다. 그것이 행복한 삶이라고 믿기 때문입니다. 이런 생각도 다른 사람에게 들은 거죠. 대중은 스스로 생각하지 않습니다. 미디어의 소리를 듣고 그대로 옮깁니다. 그들은 두려워합니다. 자기 생각을 가지고 스스로 길을 가는 것은 위험한 일이고, 모든 책임을 져야 하는 버거운 일입니다. 대중은 그럴 준비가 되어 있지 않습니다.

독서를 좋아하는 부모가 있습니다. 아이들에게 사교육을 하지 않고 독서 위주로 필요한 공부를 직접 가르치겠다는 굳은 철학으로 무장했습니다. 실제로 효과가 있어서 초등학생 때까지 자기 생각을 잘 표현하고, 인성이 훌륭한 아이로 자랐습니다. 어느 날 학부모 모임에서 충격적인 이야기를 들었습니다. 특목고나 자사고에 가려면 선행 학습이 필요하고, 상위권 대학에 가려면 이런저런 학원이 좋다는 정보입니다. 그날부터 흔들리기 시작했습니다. 자신이 '아이들 교육에 무관심한 나쁜 부모'라는 고해성사까지 하며 결심했습니다. 그날 이후 아이들은 학원 승합차를 탔습니다.

이 부모의 결정에 옳고 그름을 말할 순 없습니다. 하지만 대중의 소리 때문에 자기 교육관을 지킬 수 없게 된 것은 분명합니다. 이런 예상도 해볼 수 있습니다. 사교육을 하려면 돈이 필요합니다. 더 많은 돈을 벌기 위해 하고 싶지 않은 일을 하고, 더 많은 에너지를 쏟아야 합니다. 자신이 누리고 싶은 삶보다 미래를 위해 희생하는 시간이 많아집니다.

이 정도로 끝나면 다행이죠. 자기 삶을 언제까지 유보해야 하는가가 문제입니다. 끝없는 돈벌이의 수레바퀴 속에서 과연 자유로울 수 있을까요? 에피쿠로스는 "밀짚에 누워도 두려움이 없는 것이 마음의 평정을 잃은 채 호화로운 금 의자에 앉는 것보다 낫다"고 말합니다. 예전보다 훨씬 많이 가졌음에도 미래를 두려워하며 평온을 잊은 우리의 모습을 보는 듯합니다.

우리는 정보가 많을수록 좋다고 생각하지만, 많은 정보는 새로운 문제를 불러옵니다. 생각만 복잡해지거나 잘못된 정보로 판단을 그르칠 수도 있습니다. 홈쇼핑 채널을 보지 않았다면 사지 않았을 제품이 집에 널렸습니다. 두려움으로 가입한 보험 때문에 마른행주 다시 짜듯 허리띠를 졸라매야 합니다. 고급 승용차를 탄 친구에게 자극받아 구입한 자동차 할부금을 감당하기 어려워 전전긍긍합니다. 무분별한 정보와 자극은 우리를 혼란스럽게 하고, 그릇된 판단으로 이끌 수 있습니다.

철학이 필요한 이유가 여기서 분명해집니다. 자기 철학이 있다면 대중의 소리, 세상의 정보에 흔들리지 않습니다. 자기를 혹사하지도, 아이들을 치열한 생존경쟁의 장으로 내몰지도 않을 겁니다. 어떻게 살지는 내가 결정합니다. 자기 철학이 있을 때, 그 결정을 지키고 살 수 있습니다.

에피쿠로스의 철학을 아는 사장이라면 사업을 지나치게 확장하려는 욕심을 버릴 겁니다. 남의 것, 타인의 소리에 민감할수록 무리하게 사업할 가능성이 큽니다. 그렇다고 아예 귀를 닫고 있을 순 없습니다. 세상의 변화를 파악해야 하니까요. 중심이 중요합니다. 중심을 잡고 정보를 봐야 흔들리지 않습니다. 자기 철학을 꾸준히 키워가야죠.

우정은 음모다

에피쿠로스는 우정을 음모라 부릅니다. 그가 말하는 음모란 '생각이 맞는 사람들이 펼쳐가는 관계의 힘'입니다. 마음이 맞는 친구를 만나면 기분이 좋고, 뭔가를 함께하며 행복합니다. 에피쿠로스가 정원학교를 만들고 공동체 생활을 한 이유가 함께 우정을 쌓으며 음모를 꾸미기 위해서입니다.

그의 공동체는 철학이 비슷한 사람이 모여 함께 공부하고 일하고 생활하는 곳입니다. 철학을 공부하고, 필요한 것을 만들어 자급자족하며 살았습니다. 생활에 필요한 최소한의 것으로 만족한 삶이었습니다. "물 한 잔과 빵 하나면 신도 부럽지 않다"는 말에 에피쿠로스의 철학이 담겨 있습니다. 적은 것으로 충분히 행복할 수 있는데, 왜 더 많이 가지려 하냐는 겁니다. 더 많이 가지려면 더 많이 일하고 노력하고 경쟁해야 하고, 그럴수록 행복은 멀어집니다. 적은 것으로 만족하면 즉시 행복할 수 있겠죠.

에피쿠로스는 쾌락주의자로 불립니다. 그가 말하는 쾌락은 육체적으로 고통받지 않는 것, 정신적으로 혼란을 겪지 않는 것입니다. 한마디로 '평정심'이라고 할 수 있습니다. 재산이 아무리 많아도 마음이 편안하지 않으면 행복할 수 없습니다. 가진 게 없어도 평정심을 유지할 수 있다면 쾌락이고 행복입니다.

이를 실천하기 위해 친구와 음모를 꾸며야 합니다. '우리 이렇게 살자'고 약속하고 실천하는 겁니다. 이때 외부에서 들려오는 정보를 통제해야죠. 물리적 통제와 공유하는 철학은 정신적 방패가 돼서 이들을 보호해줄 겁니다. 이런 보호 장치가 없으면 대중의 소리에 쉽게 현혹되고 흔들립니다. 같은 철학을 실천하는 사람들이 함께 있기에 무리한 욕망을 내려놓을 수 있습니다.

자기 철학을 실천한 에피쿠로스는 두 가지 커다란 행복을 얻습니다. 평정심과 수많은 친구입니다. 평정심을 얻는 원천 가운데 하나가 친구입니다. 친구는 외로움을 덜어주고, 존재감을 확인하게 해주며, 미래에 대한 두려움을 완화해주는 존재니까요. 에피쿠로스는 자기 시대의 어떤 사람보다 친구가 많았다고 합니다. 그의 철학에 동의하는 친구들이 다른 친구를 데려왔을 테니까요.

사업가는 친구가 많습니다. 저녁마다 사람을 만납니다. 사람이 힘이기 때문이죠. 이때 뜻이 맞지 않는 사람은 피해야 합니다. 가치관이 다르면 가까워질수록 괴로운 일이 생깁니다. 멀리 있을 때 드러나지 않는 것이 가까워지면 보입니다. 그것이 구체적인 생활과 일로 연결되면 갈등이 생깁니다. 힘을 합쳐야 하는 상황에서 갈등으로 에너지를 분산하면 될 일도 안 되죠. 철학이 맞는 사람과 함께하는 것이 사업이고, 사업은 음모입니다.

철학은 흔들리며 자란다

철학은 고정된 지식이 아니라, 생각의 상태입니다. 변하고 성장하죠. 에피쿠로스는 자신의 철학을 지키고 키우기 위해 공동체를 만들었습니다. 이런 공동체는 철학이 성장하는 데 도움을 줍니다. 혼자 책을 읽는 사람보다 독서 모임에 참여하는 사람이 책을 계속 읽을 가능성이 큽니다. 혼자 사교육을 거부하기보다 비슷한 생각을 하는 사람들과 교류하는 것이 자신의 교육관을 지켜내는 데 유리합니다. 자기 철학을 키우려면 함께할 사람을 찾아야 합니다. 함께 배움을 지속할 때 철학도 튼튼하게 자라죠.

철학을 지식이라고 생각하면 아는 것에 만족하게 됩니다. 지식은 지식일 뿐입니다. 삶은 지식이 아니라 생활이고, 생활은 활동입니다. 활동이 되지 못하는 지식은 무의미합니다. 지금 자기 생각, 자기 철학이 있다면 그 철학이 활동이 되게 해야 합니다. 이때 함께할 사람이 있다면 더 좋습니다. 함께 키워갈 수 있으니까요. 에피쿠로스는 우리에게 자기 철학을 어떻게 키워야 하는지 삶으로 보여줍니다.

에피쿠로스는 행복하게 산 모양입니다. 헤르마르쿠스가 스승의 삶을 다음과 같이 표현합니다.

에피쿠로스의 삶은 다른 사람들과 비교할 때, 온순함과 자기만족 측면에서 전설로 생각될 수 있다.

참고 문헌

공자 지음, 오세진 옮김, 《논어》, 홍익, 2020.

괴츠 W. 베르너 지음, 김현정 옮김, 《철학이 있는 기업》, 센시오, 2019.

김소연 지음, 《마음사전》, 마음산책, 2008.

김승호 지음, 《돈의 속성》, 스노우폭스북스, 2017.

김승호 지음, 《알면서도 알지 못하는 것들》, 스노우폭스북스, 2017.

김철호 지음, 《정성》, 본월드, 2018.

노자 지음, 오강남 풀이, 《도덕경》, 현암사, 1995.

니콜라이 고골 지음, 조주관 옮김, 《외투》, 민음사, 2017.

도스토옙스키 지음, 이동현 옮김, 《지하생활자의 수기》, 문예출판사, 2014.

디오게네스 라에르티오스 지음, 전양범 옮김, 《그리스 철학자 열전》, 동서문화사, 2008.

로버트 루트번스타인·미셸 루트번스타인 지음, 박종성 옮김, 《생각의 탄생》, 에코의서재, 2007.

롤프 옌센 지음, 서정환 옮김, 《미래 경영의 지배자들》, 리드리드출판, 2017.

맹자 지음, 박경환 옮김, 《맹자》, 홍익, 2020.

미셸 푸코 지음, 이규현 옮김, 《성의 역사 1》, 나남, 2018.

버트런드 러셀 지음, 서상복 옮김, 《러셀 서양철학사》, 을유문화사, 2009.

버트런드 러셀 지음, 이순희 옮김, 《행복의 정복》, 사회평론, 2005.

보에티우스 지음, 박문재 옮김, 《철학의 위안》, 현대지성, 2018.

빅터 프랭클 지음, 이시형 옮김, 《죽음의 수용소에서》, 청아출판사, 2005.

사이먼 사이넥 지음, 이영민 옮김, 《나는 왜 이 일을 하는가?》, 타임비즈, 2013.

서유미 지음, 《모두가 헤어지는 하루》, 창비, 2019.

시몬 베유 지음, 박진희 옮김, 《시몬 베유 노동일지》, 리즈앤북, 2012.

신영복 지음, 《감옥으로부터의 사색》, 돌베개, 2018.

아리스토텔레스 지음, 손명현 옮김, 《니코마코스 윤리학/정치학/시학》, 동서문화사, 2007.

아리스토텔레스 지음, 천병희 옮김, 《수사학/시학》, 숲, 2017.

아리스토텔레스 지음, 천병희 옮김, 《정치학》, 숲, 2009.

알베르 카뮈 지음, 김화영 옮김, 《시지프 신화》, 책세상, 2004.

얼 쇼리스 지음, 고병헌·이병곤·임정아 옮김, 《희망의 인문학》, 이매진, 2006.

에라스뮈스 지음, 강민정 옮김, 《우신 예찬》, 서해문집, 2008.

에리히 프롬 지음, 김석희 옮김, 《자유로부터의 도피》, 휴머니스트, 2012.

에피쿠로스 지음, 오유석 옮김, 《쾌락》, 문학과지성사, 1998.

에픽테토스 지음, 샤론 르벨 엮음, 정영목 옮김, 《불확실한 세상을 사는 확실한 지혜》, 까치, 1999.

엠제이 드마코 지음, 신소영 옮김, 《부의 추월차선》, 토트, 2013.

우노 다카시 지음, 김문정 옮김, 《장사의 신》, 쌤앤파커스, 2012.

이솝 지음, 박문재 옮김, 《이솝 우화 전집》, 현대지성, 2020.

장 그르니에 지음, 김화영 옮김, 《섬》, 민음사, 2020.

장자 지음, 김학주 옮김, 《장자》, 연암서가, 2010.

제롬 데이비드 샐린저 지음, 공경희 옮김, 《호밀밭의 파수꾼》, 민음사, 2001.

질 들뢰즈 지음, 김상환 옮김, 《차이와 반복》, 민음사, 2004.

토머스 S. 쿤 지음, 김명자·홍성욱 옮김, 《과학혁명의 구조》, 까치, 2013.

프리드리히 니체 지음, 정동호 옮김, 《차라투스트라는 이렇게 말했다》, 책세상, 2000.

플라톤 지음, 이환 옮김, 《국가론》, 돋을새김, 2014.

플라톤 지음, 조대호 역해, 《파이드로스》, 문예출판사, 2016.

플라톤 지음, 황문수 옮김, 《소크라테스의 변명》, 문예출판사, 2013.

한나 아렌트 지음, 김선욱 옮김, 《예루살렘의 아이히만》, 한길사, 2006.

한나 아렌트 지음, 이진우 옮김, 《인간의 조건》, 한길사, 2019.

한비자 지음, 김원중 옮김, 《한비자》, 휴머니스트, 2016.

헤르만 헤세 지음, 전영애 옮김, 《데미안》, 민음사, 2000.

히라노 게이치로 지음, 이영미 옮김, 《나란 무엇인가》, 21세기북스, 2015.

사장의 철학

초판 1쇄 발행	2021년 7월 12일
초판 3쇄 발행	2021년 8월 16일

지은이	안상헌
펴낸곳	(주)행성비

펴낸이	임태주

편집총괄	이윤희
책임편집	김지영
디자인	이유진

출판등록번호	제2010-000208호
주소	경기도 파주시 문발로 119 모퉁이돌 303호
대표전화	031-8071-5913
팩스	0505-115-5917
이메일	hangseongb@naver.com
홈페이지	www.planetb.co.kr

ISBN 979-11-6471-147-5　(03100)

행성B는 독자 여러분의 참신한 기획 아이디어와 독창적인 원고를 기다리고 있습니다.
hangseongb@naver.com으로 보내주시면 소중하게 검토하겠습니다.